DUMONT
DIREKT

Neapel

Gabriella Vitiello
Frank Helbert

Inhalt

Das Beste zu Beginn

Unser Lieblingsblick auf die Stadt
Vom Berg hinunter: Der Direktor des Nationalmuseums von Capodimonte (► S. 53) hat an der Westseite des Parks die Büsche und Sträucher am alten Belvedere stutzen lassen und damit den königlichen Panoramablick auf die Stadt und den Golf wieder freigegeben – für alle.

Neapel in Kürze
Funicolare fahren! Von der Station Montesanto (🗺 E 3) im quirligen Pignasecca nehmen Sie die Standseilbahn zum Endstopp auf den bürgerlichen Vomero (🗺 D 3). Dann bringt Sie die *funicolare centrale* von drei Ecken weiter wieder hinunter in den Salon Neapels – gegenüber der Galleria Umberto (🗺 F 5). Auf der Fahrt: einfach den Ausblick genießen.

Neapel und das Glück
Natürlich ist Lotto in Neapel beliebt. Das wahre Glück aber für die Menschen ist der Wochenendausflug auf dem Lungomare (🗺 A–F 6/7), bei Sonne und leichter Brise. Hier sind sie dann alle, und v. a. alle gleich: glücklich übers Meer, den Himmel und darüber, genau jetzt hier sein zu dürfen.

Was die Neapolitaner bewegt
Es beginnt mit einer Frage wie »Il napoli ha vinto?« – »Hat Neapel gewonnen?« – und schon wissen Sie, was die Neapolitaner wirklich bewegt. Vom aktuellen Fußball geht es in andere Themenbereiche wie Maradona und (aber nur in der Bar Nilo) Mainz 05 oder den gegenwärtigen Bürgermeister Neapels, und Ihr erstes Stimmungsbild ist geknipst.

Neapel selbst entdecken
Per E-Bike (► S. 113) können Sie die Altstadt und die Meeresseite von Mergellina bis zur Piazza Plebiscito beradeln und darauf abfahren, wie mühelos Sie durch das Straßengewirr die Höhen von Capodimonte und San Martino und zum etwas abgelegeneren, aber panoramareichen Posillipo hinaufsurren.

Hier wird man glücklich satt

Lange warten müssen Sie nie: im Spiedo d'Oro (► S. 95) gehen die frisch zubereiteten Alltagsgerichte der *Cucina Napoletana* portionsweise über die Theke. Und Sie erleben Happen für Happen die Gnade und das Glück des vollen Bauches.

!

Der Sound zur Stadt

... kommt von Almamegretta: »Ennenne« (2016). Diese Musik beschreibt die Stadt Neapel in all ihren Facetten mit einem deliziösen Mix aus Afrobeat, Dub und neapolitanischen *roots*.

So viel Theater muss sein

Gehen Sie ins San Carlo (► S. 108)! Sie können zu Hause unmöglich erzählen, Sie waren in der schönsten Stadt der Welt mit dem ältesten Opernhaus Europas und haben es nur von außen gesehen! Wenn keine Vorstellung ist: Hinein ins Alltagstheater Neapels. Denn, so sagt man, Gott habe den Golf von Neapel geschaffen, den Vesuv, das Meer und die Pinien: alles unerträglich perfekt; weshalb es einen Makel brauchte. So schuf Gott noch die Neapolitaner.

Neapel skurril

Carolina – eine ›Frischwasserfrau‹, *l'acquafrescaia* – an der Piazza Trieste e Trento mixt aus Sprudel und Zitronensaft ein Getränk, das im 19. Jh. *'a gassosa a cosce aperte* hieß. Wenn sie Ihnen das Glas in die Hand gedrückt hat, gibt sie einen halben Teelöffel Natron hinzu und befiehlt: »Bevi!« Austrinken! Schon beginnt das Getränk zu schäumen, schnell läuft es über, und Sie haben plötzlich verstanden, warum die *gassosa* früher »Sprudel mit Beinspreiz« hieß.

Irgendwann sind wir vom ›Südvirus‹ infiziert worden. Seitdem nennen wir die Region nördlich von Rom ›Norditalien‹ und die südlich davon ›Italien‹. Wenn Sie uns treffen möchten, müssen Sie mindestens bis nach Neapel fahren; um sicherzugehen, aber noch 200 km weiter: Richtung Süden.

Fragen? Erfahrungen? Ideen?

Wir freuen uns auf Post.

@ *Unser Postfach bei DuMont:*
helbert-vitiello@dumontreise.de

Das ist Neapel

Schon die Lage ist – zumindest in Europa – konkurrenzlos: In dem griechischen Theater, genannt Golf von Neapel, macht sich die Stadt auf dem spektakulärsten Platz breit: Geschützt am Meer gelegen, bettet sie sich in ein unvergleichliches Bühnenbild der Natur, mit dem Vesuv als Höhepunkt im Hintergrund. Neapel besticht durch eine unwiderstehliche Sinnlichkeit. Die seit Jahrtausenden multikulturell geprägte Stadt verfügt über einen einzigartigen historischen Kern, eine unvorstellbare Fülle an Kunstschätzen und eine hervorragend gesichtete Spurensammlung der europäischen Geschichte. Alle waren sie hier: Griechen, Römer, Normannen, Staufer, Franzosen, Ungarn, Österreicher und Spanier. Und von allen hat sich etwas erhalten im lebendigen Alltag von heute: Als anschauliches Beispiel aus dem Bereich ›antike Technik‹ dient etwa die immer noch benutzte einschalige Gemüsewaage, die schon in Pompeji von den Händlern hochgehalten wurde. Bei einem Gang durch Neapels Altstadtstraßen – ober- oder unterirdisch – scheint die Chronologie so porös zu werden wie das Tuffgestein, aus dem die Stadt erbaut ist.

Hauptstadt des Südens

Das ewige Bild von der schlampigen Metropole im Süden Italiens war und ist zum Großteil ein Klischee, ein Image, das die Stadt so schnell nicht mehr los wird. Dabei sieht man der Metropole Neapel noch immer an, dass sie lange Zeit eine der kulturellen Hauptstädte Europas war, dann aber an den Rand des europäischen Interesses rückte. Schon immer gab es in Neapel sehr arme oder heruntergekommene Viertel, aber auch sehr reiche und edel herausgeputzte Gegenden. Doch schöne Nachrichten sind keine Nachrichten und für die meisten Medien kaum von Interesse. Wenn Sie diese Stadt aber zunächst einmal als normal akzeptieren und sich eigene Wege suchen, wird Ihnen meist anderes begegnen als die fest zementierten Bilder von Schrecken, Schmutz und Raub: nicht nur eine Gastlichkeit, sondern auch eine Freundlichkeit dem Anderen gegenüber, die zu jener Alltagskultur gehört, welche in Nordeuropa nicht immer selbstverständlich ist.

Wunderbare Widersprüche

Neapel ist eine Stadt der Kontraste: einerseits kreativ-unternehmerisch, andererseits kriminell; einerseits gefangen in einem System aus Ignoranz und Opportunismus, die als Überlebensstrategien dienen, andererseits mit dem Anspruch auf Veränderung und dem Wunsch nach einer nicht korrupten politischen Macht. Die Kontraste aber meiden sich nicht, sondern leben miteinander. Der Angestellte im Anzug neben einem Obdachlosen beim Mittagessen in einer Garküche im Viertel Pignasecca, der Professor frühmorgens neben dem Handwerker beim ersten *caffè* in der Bar – das ist Neapel.

Modernisierung Schritt für Schritt

Der Hafenbereich wird in den nächsten Jahren zu einem modernen Foyer an der Meerseite der Stadt werden. Der majestätische Neptunsbrunnen vor

Neapel lebt von Gegensätzen – und der Freundlichkeit seiner Bewohner.

dem Rathaus an der Piazza Municipio lässt bereits erahnen, dass die Promenade bis zum Meer in Zukunft ein städtebauliches Glanzstück sein könnte. Gleich unter der Piazza ist zudem ein Teil der größten Herausforderung Neapels in Gange: Die Metro wird mitsamt dem öffentlichen Verkehrswesen schrittweise modernisiert und ökologisiert. Schadstoffärmere Busse fahren bereits, der Verleih von Elektromobilen wird gefördert und Jahr für Jahr trotzen die Stadtplaner dem Verkehr eine weitere Fußgängerzone ab. Neapel verfügt sogar über einen Radweg entlang des Lungomare. Seine Eröffnung war eine Verkehrsrevolution. Der Ausbau des Metro-Netzes, ein Wettrennen gegen den ständig drohenden endgültigen Verkehrskollaps, geht langsam seinem Ende entgegen, obwohl er immer wieder stagniert, weil unter dem Boden Neapels eben das antike Neapolis schlummert.

Kulturelles Brodeln

Trotz aller Probleme wie Verkehrschaos, Camorra und wirtschaftlicher Krisen – Neapel lässt sich nicht unterkriegen. Während manch namhafter norditalienischer Kunst-Adresse die Gäste schwinden, verzeichnete Neapel stets steigende Besucherzahlen und lag zuletzt hinter Venedig auf Platz zwei der beliebtesten italienischen Städteziele. Es gärt zu Füßen des Vesuvs: Hier eröffnet ein neues Museum, dort wird das antike Theater freigelegt. Abends trifft man sich in politisch engagierten Kulturzentren, organisiert Essen und Kunst-Events. Wo staatliche Institutionen versagen, kontern die Neapolitaner mit hartnäckiger Selbstbestimmung und kreativer Selbstorganisation. Nur die nationale und internationale Presse, so ihre Klage, bausche immer noch wie versessen allzu gern jede negative Nachricht – und sei sie noch so unbedeutend – zu Skandalen auf und lasse für einen Image-Wechsel keinen Platz. »Gebt uns endlich eine Chance!«, fordern viele Neapolitaner.

Neapel in Zahlen

1

€ kostet in der Bar ein Caffè an der Theke, 1 kg Brot bekommt man beim Bäcker für 1,90 €.

2

mal in seiner Geschichte hat der SSC Neapel den ›Scudetto‹ gewonnen, die Meisterschaft der höchsten italienischen Serie A. Juventus Turin gewann den Titel mehr als 30 mal.

3,50

€ kostet ein Tagesticket für die Metro 1. Dafür kommt man nicht nur von A nach B, sondern kann an elf Stationen unterwegs rund 200 Kunstwerke von mehr als 100 Kreativen bewundern.

4

Tage kämpften die Neapolitaner, an den ›Quattro Giornate di Napoli‹, gegen die deutschen Besatzer. Diese traten am 30. September 1943 den Rückzug an. Erst einen Tag später trafen die Alliierten in Neapel ein.

6

Monate währte die Repubblica Napoletana 1799. Bereits im Juni desselben Jahres eroberte Bourbonenkönig Ferdinand IV. die Macht zurück und ließ Hunderte hinrichten, einkerkern und verbannen. Die Stadt verlor fast ihre gesamte junge Intelligenz.

50

km/h betrug die Geschwindigkeit, mit der 1839 die erste Eisenbahn von Neapel bis Portici fuhr. In Deutschland startete sie vier Jahre früher, von Nürnberg nach Fürth.

90

Zahlen umfasst die neapolitanische ›Smorfia‹, die jeder Zahl eine feste Bedeutung zuordnet, um beim Lottospiel die eigenen Träume in Zahlen umdeuten zu können, z. B. 19 – das Lachen, 45 – der Wein, oder 90 – die Angst.

430–480

°C beträgt die Temperatur im Inneren des mit Holz beheizten traditionellen Pizza-Steinbackofens. Ein regulärer Haushaltsbackofen schafft nur die Hälfte.

450

historische Kirchen gibt es in Neapel, so viele hat zumindest die UNESCO registriert. Die Dunkelziffer ist höher. Noch mehr Kirchen gibt es nur in Rom.

485

m steigt die Stadt vom Hafen (Meeresspiegel) bis zu ihrem höchsten Punkt, dem Camaldoli-Hügel, an.

500

kg Müll produziert ein Einwohner Neapels jährlich im Durchschnitt, in Deutschland sind es etwa 100 kg mehr.

1281

m ist der Vesuv hoch.

1700

ha umfasst der historische Stadtkern. Damit besitzt Neapel flächenmäßig die größte Altstadt Europas, die knapp 15 % der gesamten Stadtfläche einnimmt. Bambergs Altstadt ist 425 ha groß.

12 755

€ verdient ein Neapolitaner im Schnitt pro Jahr, der nationale Durchschnitt liegt bei 18 000 €, der Jahresbruttoverdienst eines Hamburgers beträgt rund 22 000 €.

240 000

Menschen starben im Jahr 1656 an der Pest – mehr als die Hälfte der 450 000 Einwohner. Neapels Bevölkerungszahl entsprach damals der von Paris!

8306

Menschen leben auf 1 km², in Frankfurt sind es keine 3000.

Was ist wo?

New York hat seine Skyline, Neapel den Vesuv. Sollten Sie nach einer Sehenswürdigkeit als Symbol für die Stadt schlechthin suchen, dann darf, wenn überhaupt, höchstens der Vesuv diese Rolle in Anspruch nehmen. Von seinem Kraterrand überblicken Sie Neapel, wie es sich in exponierter Lage im gleichnamigen Golf vom Meer aus – wie in einem antiken griechischen Theater – nach oben ausbreitet. Für die Neapolitaner ist der Vulkan ein allgegenwärtiges Sinnbild für die Vergänglichkeit des Lebens.

Centro antico

Ein Konglomerat an Sehenswürdigkeiten finden Sie im historischen Zentrum – es gibt in Europa keine größere und schönere Altstadt als die Neapels. Die barocken Kirchen, die engen Straßen mit den alten, herrschaftlichen Palazzi und die kleinen Bars des **Centro antico** (🗺 F–H 2/3) stehen aber nicht nur für sich selbst. Seit Jahrhunderten sind sie Bühne des Lebens und Schauplatz der neapolitanischen Kultur. Ohne sein Volk wäre die Altstadt Neapels seelenlos.
So ist dieses Zentrum, das seinen griechisch-römischen Grundriss bis heute bewahrt hat, ein idealer Ausgangspunkt, um Neapel kennenzulernen. Trotz seiner relativen Größe können Sie den sogenannten Bauch der Stadt, *il ventre di Napoli*, gut zu Fuß erkunden. Dieses Areal ist fast komplett autofrei und wird von den Stadttoren **Port'Alba** an der **Piazza Dante** (🗺 F 2/3) im Westen, **Porta San Gennaro** (🗺 G 1) im Norden an der Piazza Cavour und **Porta Capuana** (🗺 J 1) im Osten begrenzt. Die drei Straßen aus griechisch-römischer Zeit heißen **Via Anticaglia** (🗺 G/H 2), **Via dei Tribunali** (🗺 G/H 2) und die Spaccanapoli genannte **Via San Biagio dei Librai** (🗺 G/H 2/3) und verlaufen parallel zwischen der Porta Capuana und der Kirche Santa Chiara. Am Nordrand der Altstadt liegt das weltberühmte **Archäologische Nationalmuseum** (🗺 F 1).

Via Toledo, Piazza Municipio und Piazza Plebiscito

Wie drei Eckpfeiler definieren diese Punkte das herrschaftliche Zentrum der Stadt. Für dieses frühere und heutige kommunale Regierungsviertel gibt es auf dem Stadtplan seltsamerweise keinen einprägsamen Namen. Architektonisch gekennzeichnet wird dieser ›Salon‹ v. a. von den Pracht- und Regierungsbauten, welche die Herrscherhäuser der französischen Anjou und der spanischen Bourbonen errichteten. Hier laufen alle charakteristischen Napoli-Fäden zusammen: Das Meer können Sie hinter der **Piazza Plebiscito** (🗺 F 5/6) fast ›berühren‹. Gleich nebenan auf der **Piazza Municipio** (🗺 F/G 4/5) entsteht gegenüber dem heutigen Hafens zwischen den Resten des antiken Hafens eine moderne Metrostation – ein Hochleistungsakt von Ingenieuren und Archäologen. Und die **Via Toledo** (🗺 F 3–5) ist ein Paradebeispiel dafür, wie einerseits Kommerz und Konsum auf der beliebten Einkaufsstraße mit der für urbanes Design prämierten Metrostation Toledo harmonieren und andererseits die Armut im angrenzenden Viertel der **Quartieri Spagnoli** (🗺 F 4) kontrastieren.

Vomero und Capodimonte

Der Hügel des **Vomero** bietet mit dem **Castel Sant'Elmo** (🗺 D 3/4) und dem

Museo Nazionale di San Martino (🗺 D/E 4) einen gratis ›All-inclusive‹-Blick auf Neapel an. Hier können Sie in abgehobener Ruhe das mediterran geregelte Chaos betrachten. Unterhalb der Panorama-Piazza vor San Martino liegen Ihnen die historischen Straßenzüge der Altstadt zu Füßen – bei guter Wetterlage haben Sie sogar einen Fernblick über die Bergketten der Abruzzen. Aus der Höhe des Vomero wird außerdem schnell klar, dass man sich in Neapel nicht so leicht verlieren kann. Das Meer auf der einen, die Hügel auf der anderen Seite – da fällt die Orientierung nicht so schwer. Die großen repräsentativen Gebäude, Plätze und berühmten Museen liegen entweder an herausragender Stelle und bieten schöne Perspektiven an – wie auch Schloss, Museum und Park im nördlichen **Capodimonte** (🗺 Karte 3) – oder Sie folgen der Meereslinie.

Santa Lucia und Chiaia

Das alte Viertel **Santa Lucia** (🗺 F 6/7) trennt mit seinem Fischerhafen **Borgo Marinaro** (🗺 F 7) und dem Castel dell'Ovo den Lungomare vom Haupthafen mit der **Stazione Marittima** (🗺 G/H 5), einem Mussolini-Bau. Hier kommen die meisten Schiffspassagiere an, eingeschüchtert von den wuchtigen Wehrtürmen des **Maschio Angioino** (🗺 G 5) gegenüber. Zu Beginn des 20. Jh. begann hier für viele Familien die Suche nach einem besseren Leben in der Neuen Welt, in die sie emigrierten. Heute stehen am Ufer die teuersten Hotels und Lokale mit Blick übers Meer, links auf den Vesuv, rechts den Lungomare entlang Richtung Stadtpark und das ehemalige Fischerviertel **Mergellina** (🗺 A/B 7/8). Hügelaufwärts erstreckt sich hinter dem Lungomare und der **Villa Comunale** (🗺 C/D 6) das mondäne Viertel **Chiaia** (🗺 C–E 5/6) mit den luxuriösen, manchmal leicht versnobten Geschäften und Bars. Chiaia verbindet aber auch den Salon Neapels mit der Meeresseite und sorgt mit der Via Chiaia für die nahtlose Fortsetzung der Einkaufs- und Modemeile Via Toledo.

Augenblicke

Ciao, Gennaro!

Neapels Stadtheiliger als der Kumpel von nebenan. Vom Aussehen eines befreundeten Arbeiters inspiriert, verwandelt der Künstler Jorit Agoch die Menschen in ›Heilige‹ ihrer Zeit wie einst Caravaggio mit seinen Gemälden und Pasolini in seinen Filmen. Mit dem Blick gen Himmel beginnen für das Viertel Forcella nun Kunst-gesegnete Zeiten. Bislang wurde La Forcella oft nur als Schauplatz für die Kämpfe rivalisierender Camorra-Clans wahrgenommen. In Brooklyn wurden die Viertel durch Graffiti aufgewertet und dadurch auch mehr Besucher angelockt, so Agoch. Das sollte doch auch in Neapel gelingen – oder?

Stadt, Meer, Vulkan

Die perfekte Kulisse seit 2500 Jahren. Kein Erdbeben und kein Vulkanausbruch konnten die Metropole bezwingen, die jahrhundertelang Hauptstadt des Königreichs von Neapel war. Herrscher kamen und gingen wieder. Dank seines Hafens schaute Neapel immer eher Richtung Europa und zum Mittelmeer, als läge die Stadt nur rein zufällig in Italien. Mit seinem dichten Konzentrat an Leben, Kultur und Geschichte weist Neapel weit über seine Grenzen hinaus, spiegelt Nord und Süd, Arm und Reich, Gut und Böse, Gehen oder Bleiben.

Miteinander der Extreme

Mit Füßen getreten – so müssen sich die Menschen gefühlt haben, als die Galleria Umberto I entstand: Dem Neubau (1887–90) wich ein dicht besiedeltes altes Gassenlabyrinth, wo Kriminalität, mangelnde Hygiene und Cholera-Epidemien den Alltag bestimmten. Aber auch mitten im sanierten Salon der Stadt blieb die Einkaufspassage ein Ort der Gegensätze. Sciuscià (Schuhputzer) polieren tagsüber das Schuhwerk an den Füßen betuchter Signori – und abends machen die Jungs aus den beengten Quartieri Spagnoli die Galleria zum Fußballplatz. Neapel ist reich an Kulturgütern, da wird man doch Ball und Mosaikboden auch mal (be)treten dürfen …

Ihr Neapel-Kompass

WOMIT FANGE ICH AN?

#1
Gesichter einer Stadt – **die Spaccanapoli**

NEAPELS BROADWAY

#2
Schlicht und üppig – **Santa Chiara und Chiostro Maiolicato**

Von spröder SCHÖNHEIT zu barocken COMICS

#3
Handliche Tradition – **die Krippen von San Gregorio Armeno**

Wie Angela Merkel zur Weihnachtsdeko wurde

#12
Magische Zeiten – **am Castel dell'Ovo**

DAS EI WAR ZUERST DA!

#13
Stadtpark mit Krake – **Villa Comunale und Aquarium**

Der schönste Spaziergang der Welt

#14
Die graue Eminenz – **der Vesuv**

Explosives Dornröschen

#15
Antike hautnah – **Pompeji unplugged**

DIE EWIGE KATASTROPHE

#4

Das Helle im Dunklen – **Caravaggios Madonna**

#5

Unterm Bett ein Theater – **Napoli Sotterranea**

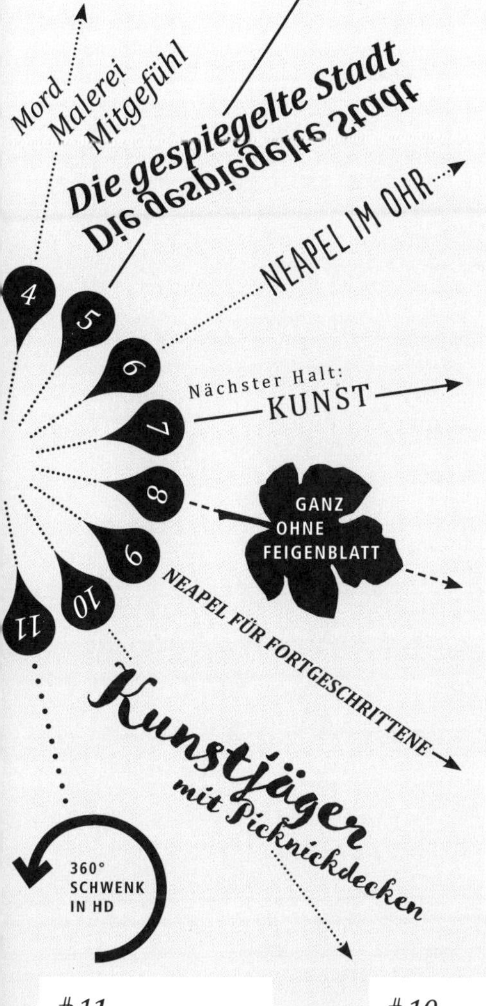

#6

Der Sound der Stadt – **rund um Piazza Bellini**

#7

Kunst am Ende des Tunnels – **die Metro-Linie 1**

#8

Antike und Erröten – **Museo Acheologico Nazionale**

#9

Bei den männlichen Jungfrauen – **I Vergini in der Sanità**

#10

Prunk im Park – **das Nationalmuseum Capodimonte**

#11

Neapels größte – **die Piazza Plebiscito**

1

NEAPELS BROADWAY

Gesichter einer Stadt – **die Spaccanapoli**

Sie ist das Gegenteil vom Klischee der verwinkelten Gassen. Die Spaccanapoli verläuft wie mit dem Lineal gezogen 3 km lang durch den Kern der Altstadt. Von den Quartieri Spagnoli bis zu La Forcella hin trägt die wichtigste der drei Hauptstraßen im Centro antico jeweils einen anderen Namen. Abwechslung gibt es aber nicht nur beim Namen: Tauchen Sie ein in den Menschenstrom, der hier auf engstem Raum sprudelt.

Schmal, geschäftig, eng – und über dem Kopf immer ein Stück Himmel: die Spaccanapoli

»Neapel ist wie New York und New York ist wie Neapel«, sagte Andy Warhol, als er 1979 die Stadt besuchte. So wie der Broadway New York diagonal teilt, spaltet die Spaccanapoli Neapel in zwei Teile. Dabei zieht sie nicht nur geografisch einen Schnitt längs durch die Metropole am Golf, sie zeigt auch einen Querschnitt der verschiedenen Altstadtgesichter und endet im verruchten

Camorra-Viertel Forcella. Als Via Pasquale Scura entspringt sie in den Quartieri Spagnoli im höheren Teil Neapels. Von dort oben wird ihr Name – ›Spalterin Neapels‹ – besonders anschaulich. In ihrem Verlauf streift sie das bunte Marktviertel Pignasecca (▶ S. 90), zu dessen geschäftiger Lebendigkeit Sie einen kleinen Abstecher unternehmen können, kreuzt die **Via Toledo** 1 und ist ab dort für uns der Ausgangspunkt, um ihrer Gradlinigkeit zu verfallen. In diesem Abschnitt wird sie Ihnen als Via Maddaloni, Via Benedetto Croce und Via San Biagio dei Librai – oder eben als Spaccanapoli – in Erinnerung bleiben.

G
GROSS

Sakrale Kunst und Architektur sind nicht Ihr Ding? Werfen Sie dennoch einmal einen Blick ins Innere der **Chiesa del Gesù Nuovo** oder von **San Domenico.** Allein die Dimensionen der Kirchenschiffe sind überwältigend – und das in der Enge der Altstadt.

Ein wenig mehr Raum für Größe

Ihren Anschein des Unscheinbaren verliert die Spaccanapoli spätestens auf Höhe der **Piazza del Gesù Nuovo** 2. Da öffnet sie sich, um Raum zu gewähren für eines der drei wichtigsten Säulendenkmäler der Stadt. Die **Guglia dell'Immacolata** 3 ist ein herausragendes Beispiel für neapolitanische Bildhauerkunst des 18. Jh. Der 30 m hohe Bau wurde mit Spenden finanziert. Versuchen Sie mal, das Monument zu fotografieren: Dann haben Sie wahrscheinlich im rechten Bildhintergrund die Chiesa del Gesù Nuovo, deren abweisende Stachelfassade sich übrigens für Nahaufnahmen gut eignet.

Der Alltag als Raumwunder-Erlebnis

Gegenüber an der Ecke befindet sich das touristische **Informationsbüro** 4 der Altstadt. Und das mit gutem Grund, denn ab hier beginnt der Teil der Spaccanapoli, in den es besonders viele Besucher zieht: Die Via Benedetto Croce ist Einkaufsstraße des Altstadtalltags – Straßenmusikanten, Bettler und improvisierte Verkäufer inklusive. Bars, Eis-, Schokoladen- und Konditoreiläden, ein **SSC-Napoli-Sportgeschäft** 1 (Via B. Croce 14), Antikes, Mode und Schmuck, Bücher und ganz klein, auf 7 m², der Juwelier, bei dem wir unsere Hochzeitsringe kauften. Es gibt hier alles, auch wenn nicht alles so wirksam dekoriert ist wie später beim auffälligen Lebensmittelhändler auf der rechten Seite mit den Nudeltüten im Ausstellungsbereich.

Madonnen, Sirenen, Ungeheuer, Teufel und Engel – die Straßenkünstler Neapels lassen Kontraste krachen: Mythos und Moderne, Alt und Neu, Klischees und Ungewöhnliches und das in allen Farben.

Versteckte Pracht

Manchmal weist ein kleines Schild darauf hin, dass sich hinter einem jahrhundertealten Innen-

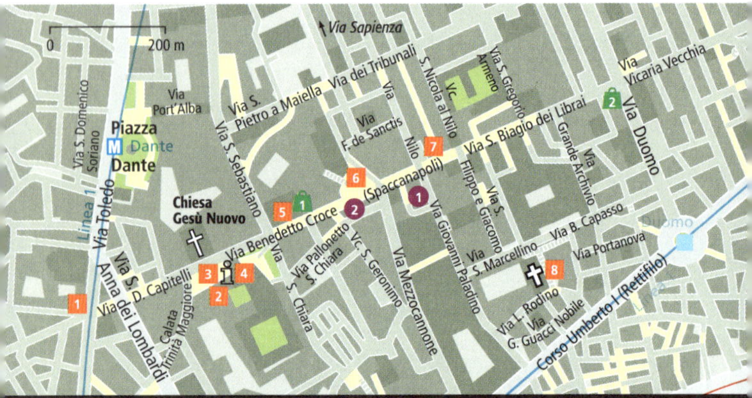

Cityplan: F 3–H 2 | **Metro:** Dante, Università

INFOS UND ÖFFNUNGSZEITEN

Ospedale delle Bambole 2: Via San Biagio dei Librai 46 (im Innenhof des Palazzo), www.ospedaledellebambole.it, Mo–Fr 10–16.30, Sa bis 15 Uhr

KULINARISCHES FÜR ZWISCHENDURCH

Zum Centro antico, dem ›Bauch Neapels‹, passt als Mittagessen ein Ragù bei **Tandem 1**. Die klassische Tomatensoße genießt hier Kultstatus und simmert – so wie es die Tradition verlangt – stundenlang, bis sie tief dunkelrot mit Ziti-Nudeln serviert wird, auch als Veggie-Variante (Via Giovanni Paladino 51, T 081 19 00 24 68, www.tandem.napoli.it, tgl. 12.30–15.30, 19–23.30 Uhr, am Wochenende je 30 Min. länger, Menü 15–20 €).

Verführerische Köstlichkeiten finden Sie bei **Scaturchio 2**. Das Café ist bekannt für sinnliche *sfogliatelle* und *ministeriali*, außerdem kleine Speisen und Pizzette sowie gutes Eis. Es gibt Tische auf der Piazza (Piazza San Domenico Maggiore, 19, www.scaturchio.it, tgl. 7.20–20.40 Uhr).

hof ein noch älterer Palazzo verbirgt. So gibt es hier etwa den opulenten **Palazzo Filomarino della Rocca 5** aus dem 16. Jh. (Via B. Croce 12). In seinem Innenhof sehen Sie, welch großzügig angelegten Lebensraum sich der neapolitanische Adel einst gönnte – verborgen hinter einem mächtigen Holztor.

Des Bettlers Andenken

Anschließend öffnet sich die Spaccanapoli plötzlich wieder nach links, ein weiterer Platz mit einem weiteren Säulenbau in der Mitte – imposant, überraschend, harmonisch: Sie stehen auf der **Piazza San Domenico Maggiore 6**. Die Menschen, die hier nach *spiccioli*, Kleingeld, oder nach Zigaretten fragen, sind keineswegs fehl am Platz. Der Namensgeber der Piazza, der hl. Dominikus, gründete den Bettelorden der Dominikanermönche. Zu seinem Andenken steht die Säule mitten auf dem Platz, allabendlich Treffpunkt für Studenten, Touristen, Jugendliche aus der Altstadt und Paradiesvögel. Tagsüber spielt sich das Leben zwischen den Bars an der Piazza ab. Und immer steht die Kirche San Domenico Maggiore geheimnisvoll gotisch im Hintergrund.

Trödeln und Trödel

Von der Piazza San Domenico bis zur Via Duomo verläuft der engste und trödeligste Teil der Spaccanapoli. Vor gut 2000 Jahren lag genau unter Ihnen der Decumanus Inferior – die südlichste der drei antiken Stadtachsen. Spuren davon haben sich zwischen dem zeitgenössischen bunten Angebot von Fast Food im Neonlicht, Souvenir-, Juwelier-, Ramschläden und einem Musikgeschäft erhalten: Etwa die antike **Nil-Statue** 7 (▶ S. 81) an der gleichnamigen Piazzetta, die einst ägyptische Siedler hier aufstellten.

Eine weitere Besonderheit der Spaccanapoli ist das berühmte Puppenkrankenhaus, in dem jene Puppen repariert werden können, die es seit dem globalen Siegeszug des Plastikspielzeugs kaum noch irgendwo gibt. Im **Ospedale delle Bambole** 2 werden seit mehr als 200 Jahren mit viel Fingerspitzengefühl kranke und verkümmerte Puppen sowie altersschwache Pulcinella-Figuren restauriert. Ein Blick hinein in das enge und vollgestopfte Lädchen ist wie ein Blick in die Vergangenheit.

Es war Zufall, dass Luigi Grassi, Bühnenbildner und Marionettenbauer, um 1800 in seiner Werkstatt die erste Puppe reparierte. Eine ›Mamma‹ suchte dringend erste Hilfe für das Lieblingsspielzeug ihres Töchterchens. Sie blieb nicht die Einzige im Viertel und bald darauf verwandelte sich die Werkstatt in eine Notaufnahme für beschädigte Puppen.

→ UM DIE ECKE

Ruhige Zuflucht

Nach dem bewegten Menschenfluss tut Ruhe gut. Genießen Sie die stille Schönheit des Kreuzgangs der **Chiesa dei Santi Marcellino e Festo** 8. Der barock gestaltete Hof mit Orangenbäumen und Palmen gehört heute zur Universität Federico II. Der Pförtner am Eingang (Largo S. Marcellino 10) lässt Sie garantiert herein, wenn Sie sagen, dass Sie das **Museo di Paleontologia** (im Innenhof versteckt) besuchen möchten. Immerhin gibt es dort ein Dino-Skelett auf einem kunstvollen Majolika-Boden zu sehen.

\# 2

Von spröder SCHÖNHEIT zu barocken COMICS

Schlicht und üppig – **Santa Chiara und Chiostro Maiolicato**

Eine Kirche ohne Prunk wünschte sich König Robert von Anjou. Entsprechend zurückhaltend fiel die Basilika aus. Ganz anders der angrenzende Kreuzgang des Klosters. Er empfängt Sie mit einem Farbenmeer strahlender Majolikakunst. Neapels barocke Pracht lässt sich – abseits des Altstadttrubels – in aller Ruhe bewundern.

Straßenmusiker spielen auf, Schüler vertrödeln hier ihre Zeit, Touristengruppen drängen sich durch die Spaccanapoli, geschäftige Mönche sind unterwegs, während herrenlose Hunde in der Sonne dösen. Vor dem Portal von Santa Chiara ist zur Mittagszeit einiges los. Und dann treten Sie ein und sehen: Der Kontrast zwischen innen und

Keine ›Mönchlein‹, sondern gestandene Kirchenmänner

INFOS UND ÖFFNUNGSZEITEN

Kirche und Majolikakreuzgang: Via Santa Chiara 49, www.monasterodisantachiara.it

Santa Chiara 1: 7.30–13 und 16.30–20 Uhr, Eintritt frei

Kreuzgang (Chiostro Maiolicato) 2 mit Museo dell'opera und Ausgrabungen: Mo–Sa 9.30–17.30, So 10–14.30 Uhr, 6/4,50 €

ERFRISCHUNG FÜR ZWISCHENDURCH

Köstliches Eis finden Sie im Laden der renommierten Schokoladenmanufaktur **Gay Odin 1**, vorzugsweise ausgefallene Schokoladen- und Nusssorten. Die Schokospezialitäten sind auch schöne Mitbringsel (Via B. Croce 61 (Spaccanapoli), T 081 551 07 94, www.gay-odin.it, Mo–Sa 9–19 Uhr).

Cityplan: F/G 3 | **Metro:** Dante

außen, zwischen der Enge und dem Geräuschpegel der überfüllten Straße einerseits und der Weitläufigkeit und Ruhe der monumentalen Kirche mit dem paradiesischen Garten andererseits könnte kaum größer sein.

Gotische Schönheit

Der Klosterkomplex **Santa Chiara 1**, in dem heute noch Franziskaner und Klarissen leben, hat eine bewegte Geschichte hinter sich. 1310 wünschte Roberto d'Anjou, damals König von Neapel, den Bau der großen gotischen Basilika und war der Ansicht, dass die Kirchengüter nur der Armenhilfe zugutekommen sollten. Er liegt mit einigen Verwandten in der Kirche bestattet (hinter dem Altar). Als 1328 der toskanische Künstler Giotto für einige Jahre in Neapel weilte, verzierte er die Basilika mit einem Freskenzyklus, von dem nur noch wenige Szenen im Chorraum erhalten sind. Mitte des 18. Jh. schließlich wurde – wie fast alle süditalienischen Gotteshäuser – auch die gotische Santa Chiara im Zuge der Gegenreformation vom übermächtigen Barockstil überrollt und prachtvoll ausgestattet.

Fatale Katastrophe

Die Amerikaner drehten dann ungewollt das Rad der Geschichte zurück. Die alliierten Bombenangriffe von 1943 und der nachfolgende

Ü ÜBRIGENS

O munaciello – ›Mönchlein‹ – nennen die Neapolitaner den winzigen, stadtbekannten Hausgeist, eine Mischung aus buckeligem Klabautermann und Wichtel, der sein Unwesen in den Palazzi der Altstadt treibt und Dinge (wie Schlüssel oder Socken) verschwinden lässt, aber laut Legende auch Gutes tut und heimlich den Armen hilft.

W
WUNDER

Dreimal im Jahr geht es hier mit blutigen Dingen zu: Am 19. September wird die Ampulle mit dem Blut des heiligen San Gennaro in einer Prozession vom Dom nach S. Chiara gebracht, wo sich das sogenannte **Blutwunder** ereignet – oder auch nicht. Verflüssigt sich die rote Substanz, wird es der Stadt wohl ergehen. Bleibt das Wunder aus, stehen schlechte Zeiten bevor ... Am ersten Sonntag im Mai und am 16. Dezember vollbringt San Gennaro sein Wunder im Dom. Für San Gennaro-Fans gibt es eine thematische Artecard auf den Spuren des Heiligen (Infos unter www.campaniartecard.it, vgl. Artecard ▸ S. 80).

Nicht nur die Farbenfreude der Majolikakacheln im Kreuzgang von Santa Chiara begeistert, auch die Details sind es wert, aus der Nähe betrachtet zu werden.

zweitägige Brand zerstörten Decken, Stuck und Statuen der Kirche. Erhalten blieben lediglich Grundmauern und Grabstätten. Das Grab des Bourbonen Philipp (10. Kapelle rechts) ist eines der wenigen unversehrten Werke aus dem 17. Jh. Der bekannte Barockarchitekt Ferdinando Fuga legte es an, wie auch den Mamor-Fußboden, der ebenfalls dem Feuer der Bombardierung trotzte. Das Gotteshaus aber musste neu aufgebaut werden.

Barocke Comics für die Nonnen

Alles andere als schlicht sieht der **Kreuzgang (Chiostro Maiolicato)** 2 des Klosterkomplexes aus. Den märchenhaften Hof gestaltete 1739 der Architekt Domenico Antonio Vaccaro, der auch mit der Barockisierung der Basilika beauftragt worden war. Er unterteilte den Garten in vier Abschnitte und legte den kreuzförmigen Hauptweg an. 64 der 72 achteckigen Säulen ließ er vollständig mit Majolikakacheln verkleiden: Deren Farben strahlen Ihnen zitronengelb, olivengrün und azur wie das Meer entgegen. Die verkachelten Sitzbänke erzählen mythologische, allegorische, maritime und bukolische Szenen.

Einige dieser barocken Comics geben Einblick ins Alltagsleben vor den Klostermauern – für die Klarissen, die hier einst spazierten, ein ›Fenster‹ zur Welt. Platz nehmen auf den Bänken dürfen Sie leider nicht; trotzdem zählt der Aufenthalt im Kreuzgang zu einem der beschaulichsten in ganz Neapel.

Wenn Sie mehr über Santa Chiara und das Klosterleben erfahren möchten, finden Sie Wissenswertes im hauseigenen **Museo dell'opera** am Ende des Kreuzgangs. Dort werden Kunstwerke und archäologische Funde aus der langen Klostergeschichte gezeigt.

UM DIE ECKE

Kaum bekannte Straßen und Ecken jenseits der Klostermauern können Sie entdecken, wenn Sie der **Via S. Chiara** bis zur Piazza Ecce Homo folgen und weiter die Via dei Banchi Nuovi bis zum Largo S. Maria La Nova schlendern. Allein schon wegen seines schönen Kreuzgangs lohnt sich auch ein Abstecher zum gleichnamigen Klosterkomplex aus dem 13. Jh.

Handliche Tradition – **die Krippen von San Gregorio Armeno**

#3

Wie Angela Merkel zur Weihnachtsdeko wurde

Sie wollen irgendwann mal eine kleiderschrankgroße Weihnachtskrippe haben? In der ›Krippen-Straße‹ finden Sie noch die handgearbeiteten Einzelteile, die Sie dafür brauchen. Eine Tradition mit satirischen Seiten.

Oft dauert es nur wenige Tage, dann haben die Krippenbauer von **San Gregorio Armeno** 1 die neusten gesellschaftspolitischen Ereignisse in Terrakotta modelliert. Dabei verewigen sie mit bissigem Humor die Fauxpas von Politikern aus dem In- und Ausland, huldigen Fußballstars, setzen etwa dem berühmten neapolitanischen Musiker Pino Daniele ein Denkmal oder stellen das italienische ›Regierungstriumvirat‹ aus Giuseppe Conte, Matteo Salvini und Luigi Di Maio aus.

Wer wollte nicht schon immer mal einen lebensgroßen Papst auf seiner Wohnzimmercouch sitzen haben?

Ü
ÜBRIGENS

Wenn Sie sich nicht wie eine Ölsardine fühlen möchten, legen Sie Ihre Besichtigung während der Adventszeit lieber auf einen Wochentag. An den Adventswochenenden ist der Besucheransturm rings um San Gregorio Armeno so immens, dass man hier nur durchgeschoben wird.

Weihnachten mit Angela Merkel

Sie mögen sich nun fragen, was solche Figuren in einer Weihnachtskrippe zu suchen haben, und Sie werden die Antwort ahnen: nichts! Doch die neapolitanische Mentalität lässt nichts aus, wenn es darum geht, die Wirklichkeit zu verarbeiten. Und wenn die Worte fehlen, um die Gegenwart zu beschreiben, dann bilden die Krippenbauer eben die Hauptdarsteller als Figuren nach. Und die eignen sich auch als Souvenirs hervorragend – ob Papst Franziskus oder Angela Merkel. Zusätzlich haben diese Souvenirs eine wichtige Funktion für das wirtschaftliche Überleben der traditionellen Krippenbauer.

Handarbeit und Batterieantrieb

Die Weihnachtskrippen Neapels sind weit über die Grenzen der Stadt hinaus bekannt. In der Adventszeit werden Sie sich davon überzeugen können, wie sich die Via S. Gregorio Armeno in ein märchenhaftes Terrain verwandelt. Die Krippenmacher haben Hochkonjunktur und in modernen Zeiten profitiert auch das traditionelle Handwerk gerne von moderner Technik: Im Stall von Betlehem brennt elektrisches Licht und auch der Wasserfall ist batteriebetrieben. Genauer hinschauen sollten Sie bei der **Werkstatt von Giuseppe Ferrigno** 1, in der die Krippenfiguren noch mit aufwendigen Verfahren aus Ton hergestellt und anschließend handbemalt werden. Im zweiten Stock stehen unzählige prächtige Exemplare von

Mit 1,58 m Körpergröße war Prince nicht gerade ein Hüne – und trotzdem einer der ganz Großen. Einen Prince, der in die Handtasche passt, gibts in der Via San Gregorio.

INFOS UND ÖFFNUNGSZEITEN

Chiesa di S. Gregorio Armeno 2: Via S. Gregorio Armeno, Mi–Mo 9.30–12, Di 8.30–13 Uhr

Kreuzgang 3: Eingang an der Ecke zur Via Maffei, Klingel neben dem großen Tor, Mo–Fr 9–12, Sa/So 9–13 Uhr, Eintritt frei, Spende willkommen

Werkstatt von Giuseppe Ferrigno 1: Via S. Gregorio Armeno 8, T 081 552 31 48, www.arteferrigno.it, i. d. R. tgl. 8–20 Uhr

KULINARISCHES FÜR ZWISCHENDURCH

Den Charme der Altstadt hat die Trattoria **La Campagnola** 1 (Via dei Tribunali 47, T 081 45 90 34, facebook.com/La-Campagnola-viatribunali, tgl. 12–16, 19–24 Uhr) in einem Satz konserviert: »Das Irrenhaus ist eröffnet«. Das Schild hängt im Speisesaal, wo gute neapolitanische Küche serviert wird. Streetfood auf hohem Niveau wird in der Friggitoria **Decumano 31** 2 (Via S. Biagio dei Librai 31, Mo–Sa 11–22 Uhr) zubereitet und v. a. frittiert.

Cityplan: G/H 2 | **Metro:** Dante, Cavour

Marktweibern, Fischhändlern, Bettelgesellen und den Heiligen Drei Königen – Kreationen, deren Preise übertrieben erscheinen, es aber nicht sind. Auch wenn Sie der Versuchung widerstehen, eine der bezaubernden Figuren zu erwerben, verlassen Sie vielleicht das Geschäft am Ende doch mit einer täuschend ähnlichen, aus Wachs gefertigten Artischocke.

Made in China

Die meisten Kunden interessieren sich für Krippen der mittleren Größe, handgefertigt aus Kork, Holz und Papier, die jährlich mit neuen Kleinigkeiten oder Figuren erweiterbar sind, sodass im Laufe der Zeit um die eigentliche Weihnachtskrippe herum ein ganzes Stadtviertel entsteht, das an den deutschen Modelleisenbahnbau erinnert. Doch aufgepasst: Diese Produkte gibt es seit einigen Jahren auch als industrielle Massenware chinesischer Provenienz aus Ton oder Plastik. Und manche der Händler von San Gregorio Armeno, die nicht so traditionsverbunden sind wie Ferrigno, kaufen bei den Chinesen ein. Das hat viele von den Kleinbetrieben in bittere Existenznot gestürzt. Sie arbeiten zwar das ganze Jahr lang, modellieren und malen kleinteilige Figürchen und

Ü
ÜBRIGENS

Heiliges oder Profanes? Die ersten Krippenbauer schufen im 16. Jh. ihre Krippen ausschließlich für die Kirchen. Erst im 17. Jh. erweiterten sie das heilige Repertoire um zeitgenössische Elemente wie Handwerker, Marktstände und Wirtshäuser, und die Krippen hielten Einzug in adelige Haushalte. In der Blütezeit im 18. Jh. waren die Kunstwerke um den Stall von Betlehem ein Spiegel der damaligen Wirklichkeit geworden – und haben ihren modernen Anspruch bis heute erhalten.

Hegt man in wuseligen Gassen sonst eher Befürchtungen, mit leeren Taschen nach Hause zu kommen, wundert man sich nach einem Bummel durch die Via San Gregorio wohl eher, was so alles seinen Weg in die (Einkaufs-)Tasche gefunden hat.

Zubehörteile, die sie in der Saison verkaufen wollen, doch der Plastikramsch aus China ist eben einfach viel billiger.

Welterbe Krippenkunst

Um den zerstörerischen Effekt der chinesischen Importware abzumildern, hat sich schon vor Jahren ein Gemeinschaftsverein der Krippenbauer gegründet, der sich auch dafür einsetzt, das traditionsreiche Handwerk von der UNESCO als kulturelles Welterbe anerkennen zu lassen. Wenn Sie durch die Via San Gregorio Armeno schlendern und die eine oder andere Kleinigkeit einkaufen möchten, tragen Sie folglich eine besondere Verantwortung. Wir raten Ihnen daher, verzichten Sie auf Plastik und kaufen Sie lieber etwas weniger ein, getreu nach dem Motto: Gutes muss nicht billig sein. Auf diese Weise unterstützen Sie das neapolitanische Handwerk.

Zum Durchatmen

Kennzeichen der Via San Gregorio Armeno ist der Glockenturm der gleichnamigen Kirche, der **Chiesa di San Gregorio Armeno** 2. Der Namenszusatz Armeno geht auf armenische Schwestern zurück, die in frühchristlicher Zeit mit den Reliquien des hl. Gregor vor ihren Verfolgern flüchteten. Ihre Kirche wurde – wie so oft bei Sakralbauten in Neapel – über einem antiken Tempel errichtet, der wiederum eine Kultstätte für die Göttin Demeter war. Davon sehen Sie heute leider nichts mehr. Aber Sie können, wenn wir das so schreiben dürfen, die sehr feminine Atmosphäre durchaus noch spüren, wenn Sie den **Kreuzgang** 3 des dazugehörigen Klosters besuchen, in dem heute immer noch Nonnen leben. Der Innenhof strahlt eine Ruhe und einen Zauber aus, den man so nur an wenigen Orten in Neapel erleben kann.

UM DIE ECKE

Am oberen Ende der Via S. Gegorio erreichen Sie die **Via dei Tribunali.** Von dort aus können Sie kreuz und quer die weiteren kleinen Seitenstraßen erkunden, die sie mit der **Via Anticaglia** verbinden. Diese **Vicoli** sind oft geschmückt mit kleinen faszinierenden Hausaltären – ein weiteres Beispiel dafür, wie Religion in Neapel gelebt und inszeniert wird.

Das Helle im Dunklen – **Caravaggios Madonna**

#4

Im ›Frommen Berg der Barmherzigkeit‹ können Sie eine der wichtigsten privaten Gemäldesammlungen Italiens besichtigen. Eine ihrer Kostbarkeiten: ein großer Wurf von Michelangelo Merisi, genannt Caravaggio, der geniale Maler, der zum Mörder wurde.

Mord Malerei Mitgefühl

Es war in der Zeit der großen Pest, als sieben junge Aristokraten beschlossen, ihr Leben und ihre Arbeit den sieben Werken der Barmherzigkeit zu widmen. Vor mehr als 400 Jahren gründeten sie eine wohltätige Stiftung, errichteten einen **Palazzo** 1 mit angrenzender **Kirche** 2, zusammen als **Pio Monte della Misericordia** bekannt, und zahlten 400 Dukaten für das Altarbild – dem Symbol ihres karitativen Vorhabens: die »Madonna della

Zum Niederknien: Caravaggios ›Madonna der Barmherzigkeit‹

A AUSBLICK

Heiliger Nachbar! Schauen Sie beim Besuch der Gemäldegalerie mal aus dem Fenster. Von den oberen Stockwerken genießen Sie einen ungewöhnlichen Blick auf den Stadtheiligen **San Gennaro** 3, der als Vorbote und Patron des benachbarten **Doms** 4 auf der Säule vor dem Pio Monte della Misericordia weilt.

Misericordia«. Der Maler-Rebell Caravaggio stellte das Bild in nur acht Monaten fertig. Es ist eines seiner furiosen Meisterwerke.

So genial wie getrieben

Michelangelo Merisi da Caravaggio genoss in der damaligen Kunstszene den Ruf eines *enfant terrible.* Er lebte zunächst in Rom, malte tagsüber für die Kirche und für mächtige Mäzene. Nachts trieb er sich in der Halbwelt der Spieler, Diebe, Freudenmädchen und Vagabunden herum. Als er auf der Höhe des Ruhms seinen Gefährten Ranuccio Tommassoni im Streit ermordet, verlässt Caravaggio am 28. Mai 1606 Rom überstürzt, um der drohenden Todesstrafe zu entkommen. Von da an ist er ein Getriebener. Er fürchtete die Häscher des Vatikans, malte wie besessen, mindestens 20 Bilder in vier Jahren. Die Angst, gefasst zu werden, trieb den damals Mitte 30-Jährigen von

INFOS UND ÖFFNUNGSZEITEN

Palazzo und Kirche (Pio Monte della Misericordia) 1/2: Via dei Tribunali 253, www.piomontedellamisericordia.it, Mo–Sa 9–18, So bis 14.30 Uhr, Gemäldegalerie u. Kirche 7/5 €, Audioguide inkl., kostenlose Führung am 1. So im Monat

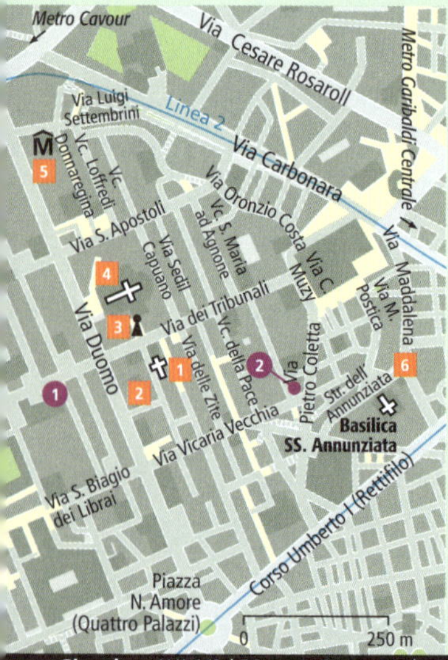

Noch mehr Caravaggio in Neapel: Die »Flagellazione di Cristo« können Sie in Capodimonte (► S. 53) und »Il Martirio di Santa Orsola« im Palazzo Zevallos Stigliano bestaunen (Via Toledo 185, www.gallerieditalia.com, Di–Fr 10–18, Sa/So bis 20 Uhr, 5/3 €).

Sacra Ruota degli Esposti 6: Via dell'Annunziata 34, Mo–Sa 9 bis 19 Uhr, Eintritt frei

KULINARISCHES FÜR ZWISCHENDURCH

Für leidenschaftlich gut gekochte Napoli-Gerichte müssen Sie nur wenige Schritte tun: **La Piazzetta** 1 (Piazzetta Sedil Capuano 241, T 081 29 59 32, Mo–Sa nur mittags, auch zum Mitnehmen) überrascht jeden Mittag aufs Neue mit lokalen Spezialitäten. Hausmannskost und Panini in origineller Atmosphäre gibt's bei **Da Fortuna** 2 (Via Dei Tribunali 287, T 081 44 11 20, tgl.), einem Mix aus Lebensmittelladen und Trattoria

Cityplan: H/J 1/2 | **Metro:** Cavour oder Museo

Wem Pasta, Olivenöl oder derlei Mitbringsel zu öde sind, könnte in der Via Duomo auf romantische Gedanken kommen. Vor dem Kauf ist allerdings die Größe des Koffers zu bedenken, falls Sie am Flughafen nicht fürs Übergepäck draufzahlen wollen.

1606 bis 1610 durch Latium nach Neapel, Malta, Sizilien und wieder nach Neapel.

Barocker Pasolini

Seine »Madonna della Misericordia« von 1607 zeigt eine sehr irdisch anmutende Gottesmutter und darunter die Taten der Barmherzigkeit. Die Szenerie spielt nachts in einer jener dunklen und stinkenden Gassen Neapels. Caravaggio ergründet dort die Gesichter der Gosse, die Verzweiflung der an den Rand gedrängten Existenzen, ihre erbärmlichen Lebensbedingungen und ihr desolates Schicksal, das von kollektiven Dramen und individuellen Tragödien überschattet wird. Wie ein viel zu früher Pasolini begriff er den elenden Alltag der Menschen und verlieh ihm mit überwältigendem Realismus Ausdruck.

Licht im Dunkel

Seine sieben Werke der Barmherzigkeit sind nicht ideell, sondern körperlich und auf engstem Raum komprimiert: Ein verschrumpelter Greis in Kerkerhaft trinkt an der Brust einer jungen Frau, die eine Prostituierte sein könnte (»Hungrige speisen«/»Gefangene besuchen«). Daneben wird ein Toter weggetragen, von dem nur die dunkel angelaufenen Füße zu sehen sind, und ein Priester mit Fackel eilt zur Beerdigung herbei (»Tote bestatten«). Ein Bettler, neben dem kaum sichtbar ein Kranker mit gefalteten Händen kauert, wartet auf ein Stück Mantel (»Nackte kleiden«/»Kranke pflegen«), ein Säufer trinkt Wasser aus einem Eselskiefer (»Durstige tränken«) und ein Pilger sucht eine Bleibe (»Fremde beherbergen«). Caravaggios Lichtdramaturgie scheucht huschende Gestalten durch die Finsternis. Ihre großmütige Barmherzigkeit bricht

S
SAG JA!

Ganz in Weiß: Viele Geschäfte an der **Via Duomo** sind auf Brautmoden spezialisiert. Auch wenn Sie selbst nicht vorhaben, in absehbarer Zeit vor den Altar zu treten, können Sie hier einen Einblick in neueste Trends der neapolitanischen Hochzeitsausstattung bekommen.

N
NOCH WAS

Falls Sie nach so viel barocker Pracht ein Kontrastprogramm brauchen, empfehlen wir das **MADRE** 5 (► S. 78): Das Museum für zeitgenössische Kunst befindet sich nur 10 bis 15 Minuten zu Fuß entfernt in einer Seitenstraße am Ende der Via Duomo.

Der amerikanische Künstler Sol LeWitt schuf dieses Werk namens »10 000 Lines«. Ob es seinen Namen zu Recht rägt, können Sie im MADRE nachzählen.

ins Dunkel der Existenz ein wie gleißende Sonnenstrahlen in manch düstere Gasse der Stadt.

Adel im Büro

Auch die übrigen Gemälde in der Kirche sind dem Thema der Barmherzigkeit gewidmet und alle von neapolitanischen Malern in der Nachfolge Caravaggios und seines Stils geschaffen worden. Luca Giordano thematisiert mit seiner »Deposizione« (Kreuzabnahme, 1669–71) das Gebot der Barmherzigkeit, ›die Toten zu beerdigen‹. Im ersten Stock des Palazzo liegen die ehemaligen ›Büro-Räume‹ des Pio Monte, in denen die wohltätige Adelsgruppe wirkte und arbeitete. Die Räume und Säle sind eingerichtet wie einst, mit siebeneckigen Schreibtischen und hoheitlichen Stühlen für die Vorsitzenden der Stiftung. So entsteht der Effekt einer Bildergalerie in privaten Nutzräumen: Arbeiten einheimischer oder zugezogener neapolitanischer Maler überwiegen und reichen vom Barock bis ins 19. Jh. Unter der Sammlung befindet sich auch ein Selbstporträt von Luca Giordano.

Soziale Projekte

Die Einrichtung des Pio Monte gab im Laufe ihrer Geschichte einerseits Gemälde in Auftrag, andererseits erhielt sie viele Kunstwerke aus Nachlässen. Ein Großteil des immensen künstlerischen Erbes wurde im Laufe der Jahrhunderte verkauft, um wohltätige Projekte zu finanzieren. Den Rest der Kunstsammlung können Sie heute besichtigen und so einen Einblick in die Geschichte der Stiftung gewinnen, die seit 1601 ununterbrochen aktiv ist. Auch im 3. Jahrtausend finanziert sie medizinische und soziale Einrichtungen, unter anderem einen Kindergarten und Projekte für Jugendliche. Eine gelungene Verbindung von ›Karitas‹ und Kunst.

UM DIE ECKE

Die bewegende Sozialgeschichte der ärmsten Volksmassen Neapels veranschaulicht die **Sacra Ruota degli Esposti** 6 bei der **Basilica Sant'Annunziata.** Die Sacra Ruota (heiliges Rad) war eine altertümliche Babyklappe im ehemals größten Waisenhaus der Stadt. Die Findelkinder (esposti) wurden heimlich hineingelegt und einem ungewissen Schicksal überlassen.

Unterm Bett ein Theater– **Napoli Sotterranea**

5

Die gespiegelte Stadt

Steigen Sie hinab in die Unterwelt Neapels. Dort verbirgt sich im weichen gelben Tuffgestein ein unterirdisches System aus Hohlräumen und Gängen, das bereits in der Antike angelegt wurde

140 Stufen führen hinab in die Unterwelt. Professionelle Höhlenforscher nehmen sie im Laufschritt. Aus eigener Erfahrung sagen wir, dass auf dem feuchten Boden etwas Vorsicht allerdings nicht schadet. Die Treppe an der Piazza San Gaetano ist einer von 60 Eingängen in den Untergrund, die erst im Zweiten Weltkrieg ins Tuffgestein geschlagen wurden. Damals hatte man die seit dem 19. Jh. in Vergessenheit geratenen antiken Hohlräume unter der Stadt als

Schon die alten Griechen höhlten den Untergrund Neapels aus, um Material für die Bauten an der Oberfläche zu gewinnen.

N
NOCH WAS

1995 erklärte die UNESCO Neapels Altstadt zum **Weltkulturerbe.** Die Denkmalpflege macht auch vor dem Straßenbelag nicht halt: Müssen die schweren Steinquader in den *decumani* (historischen Straßen) ausgetauscht werden, dann geschieht dies immer noch größtenteils in Handarbeit: Die Arbeiter schlagen – im Knien – jede einzelne Anti-Rutschkerbe des Basaltblocks eigenhändig mit Hammer und Meißel in den Stein hinein.

Auch die Kunst der neapolitanischen Pizzaioli zählt seit 2018 zum Unesco-Kulturerbe

improvisierte Luftschutzkeller wiederentdeckt. Etwa eine halbe Million Neapolitaner suchten bei Bombenalarm in 200 ›Höhlenbunkern‹ Unterschlupf vor 28 000 Bomben – manchmal tagelang.

Ein Schweizer Käse aus Stein

Vor 30 Jahren gründete der Höhlenforscher Enzo Albertini den Verein **Napoli Sotterranea** 1 mit dem Ziel, »die Steine erzählen zu lassen«. Der Hauptdarsteller in der unterirdischen Stadtgeschichte ist der gelbe Tuff – weiches, poröses Gestein vulkanischen Ursprungs, auf dem Neapel erbaut ist. Seit der frühen Antike wurden darin Wasserkanäle, Brunnenschächte, Zisternen und Steinbrüche angelegt, sodass ein unterirdisches Netz mit riesigen Hohlräumen und feinen Tunneladern entstanden ist – wie ein Schweizer Käse nimmt dieses nun eine Gesamtfläche von 2 km² ein und trägt etwa zwei Drittel der Altstadt. Viele Abschnitte dieser Parallelwelt waren lange Zeit von Schuttmassen verschüttet, nachdem die Brunnenschächte ab dem 19. Jh. zu Müllschluckern degradiert worden waren.

INFOS UND ÖFFNUNGSZEITEN

Napoli Sotterranea 1: Piazza S. Gaetano, T 081 29 69 44, www.napolisotterranea.org, tgl. 10–18, Do bis 21 Uhr, Führungen stdl. auf Italienisch, zweistdl. auf Englisch, Deutsch auf Anfrage, 10 €
Teatro Romano 6: Provisorischer Zugang über Via San Paolo 4. Dort hängen meist die aktuellen Termine für die Führungen (Sa u. So) aus. Infos auch auf https://sabap.na.it
S. Lorenzo Maggiore 7: Via Tribunali 316, T 081 211 08 60, www.sanlorenzomaggiore.na.it, tgl. 9.30–17.30 Uhr, Ausgrabungen und Museum 9/7 €

KULINARISCHES FÜR ZWISCHENDURCH

Die **Via dei Tribunali** 3 ist zur Pizza-Straße Neapels avanciert – alteingessene Pizzaioli backen neben Newcomern, denn der Andrang ist groß. **Le Sorelle Bandiera** 1 (Vico Cinquesanti 33, T 081 19 50 35 35, facebook.com/PizzeriaLeSorelleBandiera, Mo abends geschl.) bietet viel Platz, Tische im Freien und einen Teig, der in Tuffgrotten ruht.
»Schmeckt wie zu Hause« – ist in Neapel ein Kompliment: Die **Antica Trattoria Carmine** 2 (Via dei Tribunali 330, T 081 29 43 83, Mo abends geschl.) serviert neapolitanische Küche wie von Mama gekocht.

Cityplan: G/H 2 | **Metro:** Dante, Cavour

Aus Tuff geboren

Nach 30 zurückgelegten Höhenmetern stehen Sie in einem Labyrinth aus Gängen und Höhlungen. Manch ein Tunnel ist so niedrig, dass Sie den Kopf einziehen müssen. Bei einer Temperatur von 14 bis 16 °C und einer Luftfeuchtigkeit von konstanten 70 % erfahren Sie, dass bereits vor 5000 Jahren die Ur-Neapolitaner Grabkammern in den Tuffstein schlugen. Aber erst die Griechen perfektionierten den Tuffabbau. Sie nutzten im 5. Jh. v. Chr. den weichen Stein als Baumaterial zur Errichtung ihrer neuen Stadt: Neapolis. Je mehr Tuff ans Tageslicht gefördert wurde, desto schneller wuchsen Tempel und Befestigungsanlagen. Mehr als 1000 solcher Steinbrüche gab es in der Antike, und jeder nach oben beförderte Steinblock wog 300 kg.

Brunnenputzer und Zisternen

Das unterirdische Wasserversorgungssystem wurde teils vom Regenwasser, teils von einem gigantischen Aquädukt gespeist, das Wasser aus dem weit entfernten Hinterland in die Stadt trans-

C CHARMANT

Auf die Plätze, fertig, ›klick‹: Der **Vico Fico al Purgatorio** 2 ist eine jener Gassen mit besonderem Charme und lohnenden Fotomotiven. Und da auch mal ein bewusst gewähltes Klischee dabei sein darf – bieten sich hier die behängten Wäscheleinen als Fotomotiv an. Ein Pulcinella ziert die Ecke zur Via Tribunali, und noch zu Beginn der Nullerjahre saß dort täglich eine ›Eierfrau‹ mit ihren Hennen, woran eine kleine private Gedenktafel erinnert.

Z ZEITREISE

2500 Jahre – ein stolzes Alter für eine Straße voller Lebendigkeit. Die **Via dei Tribunali** 3 war im griechischen Neapolis die Hauptschlagader der Stadt. Schlendern Sie vom westlichen Stadttor Port'Alba bis zum Castel Capuano im Osten mal ganz durch: Es ist eine Zeitreise durch einen historisch verschachtelten Schicht-Bausatz. An der Piazza San Gaetano stehen Sie auf der griechischen Agorà (dem späteren römischen Forum). Gleichzeitig überkommt einen, mit Blick auf Gemüse-, Obst- und Fischhändler und auf Donna Carmela mit ihrem **Getränkestand** 4, das Gefühl, die Zeit sei durchlässig geworden – beinahe als wären Gegenwart und Vergangenheit eins.

portierte. Erst im 17. Jh. erreichte dieses System seine Grenzen, sodass ein spendables Adelshaus neue Wasserleitungen bauen ließ. Damals verfügte jeder Palazzo über seine eigene Zisterne. Professionelle Brunnenputzer stiegen zur Wartung in die Schächte hinunter, zogen den Stopfen raus, ließen das Wasser im Tuff versickern, reinigten die imprägnierten Wände und füllten die Zisterne neu auf. Heutzutage geht es mit einer Kerze in der Hand, die man sich an einem Bunsenbrenner anzünden kann, durch einen unbeleuchteten Gang zu einer solchen Zisterne – eine kleine Mutprobe, die mit einem Blick auf das geheimnisvoll beleuchtete Wasser belohnt wird.

Neros Gesang

Eine Gasse weiter, in der **Vico Giganti** 5, führt die Besichtigungstour in einen sogenannten *basso* – eine kleine Erdgeschosswohnung. Unter dem dortigen alten Bett kommt eine Falltür zum Vorschein und öffnet den Durchgang zu den Mauern des antiken römischen Theaters, in dem Kaiser Nero die Bürger von Neapolis mit seinen Liedern quälte. Nero war ein miserabler Sänger. Ab dem 13. Jh. verleibten sich Palazzi nach und nach die Theaterreste gleichsam wie Kannibalen ein. Archäologen legen die antiken Mauern des **Teatro Romano** 6 inmitten der umstehenden Häuser zurzeit wieder frei. Diese ›Bühnen‹-Baustelle wird immer mal wieder für Besucher geöffnet: Dort erwartet Sie ein geradezu umwerfendes archäologisch-architektonisches Schauspiel!

Marktplatz unter der Kirche

An der Ecke Via San Gregorio Armeno/Via Tribunali gelangen Sie auf ein Neues in die Unterwelt. Dort steht die Kirche **San Lorenzo Maggiore** 7, deren Unterbau verschiedene Schichten der Stadtgeschichte erkennen lässt. Die begehbaren Grabungen im Kreuzgang zeigen die frühchristliche Laurentiuskirche aus dem 5. Jh. Noch weiter darunter liegen antike römische Straßenspuren, griechische Mauern und die Reste des *macellum,* des mehr als 2000 Jahre alten Marktplatzes, wo einst die Bevölkerung ihre Lebensmittel einkaufen ging. Nun stehen Sie mitten im Zentrum der antiken Stadt.

Der Sound der Stadt – **rund um die Piazza Bellini**

#6

NEAPEL IM OHR

Musik und Theater gehören in Neapel überall zum Alltag. Doch wenn Sie die Via San Sebastiano hinaufgehen, können Sie die Musikalität Neapels förmlich spüren. Hier liegt der Sound der Stadt in der Luft. Atmen Sie tief ein!

Musik in Neapel ist zeitlos im doppelten Sinne. Die klassischen Komponisten werden regelmäßig aufgeführt, doch das ist nur die eine Seite, die meist mit abendlichen Konzerten lebendig erhalten wird. Den alltäglichen Klang Neapels aber erleben Sie praktisch jederzeit mit. Musik schallt rund um die Uhr – auch nachts – aus Räumen, wummert bedenklich verzerrt aus Autos, ertönt live gespielt an Straßenecken oder von Konzert-

Die vielfältige Musikszene Neapels hat an jeder Ecke einen anderen Klang.

bühnen. Dabei kann sie so traditionell und akustisch sein wie »'O sole mio« oder so experimentell wie die elektronischen Sounds der jungen Musikszene.

▶ ZUM REINHÖREN

Musik-Tipps:
Almamegretta: »Ennenne«
Pino Daniele: »Ricomincio da 30«
Daniele Sepe: »Capitan Capitone e i fratelli della costa«

Eine Straße wie eine Tonleiter

Die **Via San Sebastiano** 1 hat schon seit Jahrhunderten mit Musik zu tun. Früher wurden in den Handwerkerläden noch Instrumente gebaut, mittlerweile prägen Elektrik und Elektronik die meisten Geschäfte: Vom Digitalkabel bis zur Geigensaite gibt es hier alles, was sich Musiker wünschen.

Am oberen Ende der Via San Sebastiano liegt rechts ganz nah an der Via San Pietro a Maiella das **Konservatorium** 2 – und ihm gegenüber die **Piazza Bellini.** Viele berühmte Musiker studierten am ältesten Konservatorium Europas hinter den Mauern des ehemaligen Klosters von San Pietro a Majella, selbst Mozart und Beethoven waren hier zu Besuch. Das Institut wurde 1806 als Zusammenschluss vierer bereits bestehender Musikschulen gegründet, um Waisenkinder und die Kinder der Armen in Kunst, Musik, Schrift und Barmherzigkeit zu unterrichten, wobei im 19. Jh. besonderer Wert auf die musikalische Ausbildung gelegt wurde.

INFOS UND ÖFFNUNGSZEITEN

Konservatorium (Conservatorio San Pietro a Majella) 2: Via S. Pietro a Maiella 35, T 081 564 44 11, Mo–Sa 9–13 Uhr, Konzerte und sporadische Führungen s. www.sanpietroamajella.it

Bar dell'Epoca 1: Via S. M. Costantinopoli 82, tgl. 8–24 Uhr, So nur vormittags, am Wochenende oft Livemusik

Fonoteca 1: C 4, Via Morghen 31, www.fonoteca.net, Mo–Mi 10–1, Do–Sa 10–2, So 18–1.30 Uhr, ▶ S. 99

KULINARISCHES FÜR ZWISCHENDURCH

Osteria La Cantina di Via Sapienza 1: Via della Sapienza 40, T 081 45 90 78, Mo–Sa nur mittags
Im Trend-Bistro **L'etto** 2 (Via S. M. di Costantinopoli 102, T 081 19 32 09 67, Mo–Sa 12.30–15.30 und 19–24 Uhr) ist der Name – ›100 Gramm‹ – im wahren Wortsinn Programm: Die Speisen vom vielfältigen Büfett zahlt man nach Gewicht (2,50 €/100 g).

Cityplan: F/G 2 | **Metro:** Dante, zum Vomero: Vanvitelli

Ein sonniges Lied und andere Berühmtheiten

Am Konservatorium lehrte neben anderen Alessandro Scarlatti und hier studierten Pergolesi, Puccini, Cimarosa, Vincenzo Bellini und Giovanni Capurro, der später den Text zum weltberühmten »'O sole mio« (neapolitanisch für ›Meine Sonne‹) schreiben sollte. In der an Umfang und Qualität einzigartigen Bibliothek lagern musikhistorische Dokumente aus den vergangenen zwei Jahrhunderten, in den Sälen werden Martucci- und Scarlatti-Konzerte gegeben.

Das gute alte Vinyl weiß man auch in Neapel zu schätzen.

Hinter Bellinis Rücken

Vincenzo Bellini schaut verdenkmalt von seinem Sockel auf der gleichnamigen Piazza in Richtung der Via Costantinopoli, als wüsste er, dass sich in der **Bar dell'Epoca** 1 sowohl die Traditionalisten als auch die Freunde der neapolitanischen Canzone oder der erklärt kommunistische Jazz-Saxofonist Daniele Sepe treffen, um mehr oder minder improvisiert kleine Darbietungen ihrer Sanges-, Gitarren- oder Diskursfähigkeit zu geben. Die Moderne aber spielt sich in seinem Rücken ab. In den Bars und Lokalen trifft sich die Musikszene der Stadt.

Musik hören auf dem Vomero

Mit der Krise der Schallplattenindustrie sind viele kleine Läden aus der Altstadt verschwunden, sodass Sie für eine gute Auswahl neapolitanischer und italienischer Musik mit der Metro-Linie 1 auf den Vomero zur Piazza Vanvitelli fahren sollten. Hier können Sie in der **Fonoteca** 1 nicht nur Musik hören (und CDs kaufen), die Mischung aus Lokal und Bar ist ein Publikumsmagnet auf dem Vomero. Besonders hoch ist die Besucherdichte mittags, am frühen Abend zum Aperitif und bei Sonderveranstaltungen wie DJ-Sets.

S SALUTE!

Sowohl die **Bar dell'Epoca** 1 als auch ihr Besitzer hören auf den Spitznamen ›Peppespritz‹. Der Grund erschließt sich recht bald, wenn man sich unter die Gäste mischt: Chef Peppe schenkt den ›Spritz‹ genannten leichten Cocktail, der u. a. mit Aperol gemischt wird, literweise an sein Publikum aus. Nehmen Sie auch einen – das Glas kostet nur 2 €.

UM DIE ECKE

Ein beliebter Mittagstreff von Kreativen, Musikern und Studenten ist die **Osteria La Cantina di Via Sapienza** 1. Seit mehr als 100 Jahren gibt es dort im Souterrain gute und günstige Napoli-Speisen. Probieren Sie mal die *Parmigiana di melanzane*.

7

Nächster Halt:
KUNST

Kunst am Ende des Tunnels – **die Metro-Linie 1**

Mit einem schrillen Signalton schnellen die Türen. Die Fahrt durch die Kunst beginnt. Kaufen Sie sich eine Tageskarte und starten Sie ab Università: Unterwegs können Sie an elf Kunst-Stationen von insgesamt 18 U-Bahnhöfen einen Zwischenstopp einlegen und Architektur und Kunstwerke en passant betrachten.

Der Ausbau der städtischen Untergrundbahn kann sich sehen lassen: Mehr als 200 Arbeiten von 100 zeitgenössischen Künstlern und Künstlerinnen sind über elf U-Bahn-Stationen verteilt. Ein Großteil der Werke wurde eigens für die Metro dell'Arte geschaffen: auf den Bahnsteigen, bei den Rolltreppen und auf den Plätzen vor den Stationen. Günstiger sind Kunst und Architektur

Fast zu schön für den Untergrund: die Metrostation Toledo

kaum zu haben. Schon mit 1,10 € sind Sie – und die Bewohner der Stadt – dabei. Ästhetischer Genuss für alle: jung, alt, arm oder reich, angestellt oder arbeitslos. Es ist die demokratische Kunstsammlung für unterwegs und zugleich ein soziales Experiment, von dem Museen nur träumen können.

Nächster Halt: Kunst

Nach dem Abstieg in die kunterbunte Station **Università** 1 mit ihren geometrischen und floralen Farbspielen heißt der nächste Halt **Municipio** 2. Beim Bau der Metro kam der antike Hafen wieder zum Vorschein, sowie ein Wehrturm aus der Zeit der Anjou, der in den U-Bahnhof integriert wurde. Das Hafenmotiv nimmt der Israeli Michal Rovner in seiner Videoinstallation auf und setzt mit Bildern aus Neapel die Gemeinsamkeit weltweiter Häfen in Szene.

Ausgezeichnetes Design

Die nächste Etappe **Toledo** 3, ein Meisterwerk des Architekten Oscar Tusquets Blanca, gilt als einer der schönsten U-Bahnhöfe europaweit und gewann 2015 den Preis der »International Tunnel Association« für innovative Raumgestaltung. Der Weg von den Gleisen bis zum Ausgang zelebriert die Farben der Erdschichten: vom tiefblauen Meeresgrund zum ockergelben Tuffstein der neapolitanischen Antike. Schauen Sie beim Aufstieg mal nach oben durch die Lichtschächte!

Stop and Go

Mit jeder Fahrt und jedem Halt ändert sich die Stimmung der Station: Klassische Schwarz-Weiß-Töne überwiegen am **Museo** 4, am Archäologischen Nationalmuseum. **Vanvitelli** 5 auf dem Vomero ist ein idealer Wendepunkt, um die Rückfahrt – mit zwei Zwischenstopps – bis zum Ausstieg in **Dante** 6 anzutreten.

Marienblau und Rosarot

Ein Feuerwerk an Farben und Formen erwartet Sie in den U-Bahnhöfen **Salvator Rosa** 7 und **Materdei** 8. Schon die Einfahrt in den Bahnhof zeigt die Freude am Gestalten: Der Bahnsteig von Salvator Rosa bezieht sich farblich auf den Nachnamen des neapolitanischen Barockmalers.

Kunst mit wissenschaftlichem Anklang: Richtig, Sie sind in der Metrostation der Università.

U UHRZEIT

Das imposante Gebäude an der Piazza Dante, der **Convitto Nazionale** 9, ist mit zwei Uhren ausgestattet. Die kleinere – ein Unikat in Europa – zeigt mit nur einem Zeiger und den Zahlen 0, 5, 10 und 15 die sogenannte Zeitgleichung an: die Abweichung zwischen der wahren Sonnenzeit (und dem Sonnenstand) und der mittleren Sonnenzeit (errechnete Uhrzeit). Steht die Sonne weiter im Westen (Zeiger links), ist sie der Zeit voraus, steht sie im Osten (Zeiger rechts), liegt sie hinter der Zeit zurück – aber nie mehr als 16 Minuten.

▶ INFOS

In unregelmäßigen Abständen finden die **›Metro Art Focus‹-Touren** statt: Führungen zu je zwei U-Bahnhöfen und deren Werken (Termine auf www.anm.it, Anmeldung: infoarte@anm.it). Mehr über die Kunstwerke erfährt man auf der angegebenen Website unter dem Reiter ›Metro Art‹, auch auf Englisch.

Materdei wiederum hüllt sich in Hellblau – die Lieblingsfarbe der Madonna (Mutter Gottes, lat. Mater Dei). Vor diesen farbigen Hintergründen können Sie Fotografien, Mosaike, Gemälde, Installationen und Vorplätze entdecken.

Dantes Aufstieg

Tief unter der **Piazza Dante** 6 steigen Sie vier Etagen aus den urbanen Eingeweiden wieder in die ›Ober-Stadt‹ hinauf. Vertreter der internationalen Transavantgarde, der Arte povera und der Konzept-Kunst haben den U-Bahnhof ausgestattet. Besonders lebhaft und heiter ist die Wirkkraft des fast 30 m langen, farbenfrohen Mosaiks von Nicola de Maria im zweiten Zwischengeschoss – eine passende Vorbereitung auf das quirlige Chaos der Piazza.

INFOS UND ÖFFNUNGSZEITEN

Kurzbesichtigung über zwei Stationen: Ticket Urbano *(aziendale)* für 1,10 €
Tageskarte für die Metro: Giornaliero Aziendale 3,50 € (0–24 Uhr)
Tageskarte für alle urbanen Verkehrsmittel: TIC Giornaliero 4,50 €

KULINARISCHES FÜR ZWISCHENDURCH

Gleich gegenüber dem Metro-Ausgang gibt's im **Café Mexico** 1 (Piazza Dante 86, Mo–Sa 7–20 Uhr) starken heißen Espresso in noch heißeren Tässchen. Im Sommer kalte Frappés, im Winter heiße Schokolade.
Das Restaurant **Leon d'Oro** 2 (Piazza Dante 48, T 081 549 94 04, Di–Sa, Menü ab 20 €, Pizza ab 10 €) ist eine Institution, die jene neapolitanischen Speisen anbietet, die einfach aussehen, aber gekonnt zubereitet sein müssen. Sehr gute Antipasti, leckere Pizza.

Cityplan: F 2/3, Karte 4 | **Metro:** Università

Antike und Erröten – **Museo Archeologico Nazionale**

Hier steht das Original: das Mosaik von der Alexanderschlacht, das manche Menschen sofort an die schönsten Stunden ihres Lateinunterrichts erinnert. Im Nationalmuseum zeigt eine Abteilung aber auch, was damals nicht auf dem Stundenplan stand: das erotische Leben der Antike.

Bevor wir uns ganz legal mit dem ›Unzüchtigen‹ befassen, widmen wir uns dem Kontakt mit der fernen Vergangenheit, die den zeitlichen Abstand von Jahrtausenden zu einem Wimpernschlag werden lässt. Die Ausstellungsstücke im Museo Archeologico Nazionale haben eine unerwartete Lebendigkeit an sich. Besonders die Dinge des täglichen Lebens aus der Antike vermitteln den

Prüderie kann man den Künstlern der Antike wahrlich nicht vorwerfen.

Eindruck, als sei es gar nicht so lange her, dass sie den Menschen zu Diensten waren.

Internationale Klasse

Schon Karl III. hatte die überwältigenden Statuen aus der Sammlung Farnese hier untergebracht; diese begrüßen Sie im Erdgeschoss. Nach langjähriger Restaurierung befindet sich das **Museo Archeologico Nazionale di Napoli (MANN)** 1 heute auf internationalem Standard und gehört zu den Top Twenty der italienischen Museen. Das MANN steckt voller Kunstschätze, die Sie vielleicht noch aus den Schulbüchern kennen; davor zu stehen und sie in der Realität anschauen zu können, ist sicherlich einer der Höhepunkte des Neapel-Aufenthaltes. Das Museum beherbergt sieben große Themenbereiche mit insgesamt 28 Abteilungen – wir stellen Ihnen die wichtigsten vor.

Vorbild Ägypten

Die Exponate im Souterrain (ovaler Saal) zeigen die Basis der geschichtlichen Entwicklung Kampaniens. Wie eng Rom mit Ägypten verbunden war und dass ägyptische Kunst geradezu Mode wurde, verdeutlichen die Statuen aus kampanischen Städten. Schriftstücke in griechischer Sprache sind dagegen wichtige Zeugnisse für die Rekonstruktion der antiken Agrarwirtschaft im heutigen Süditalien.

Römische Comics

Seit 2001 kann man die Mosaiken wieder zusammen mit den Wandmalereien anschauen. Jahrhundertelang wurden sie an verschiedenen Orten aufbewahrt oder installiert, etwa als Fußböden in den kleineren Museen der Umgebung. Die aktuelle Präsentation bringt zusammen, was zusammengehört – und wirkt direkt, lebendig und sehr anschaulich.

Der Eindruck des prallen antiken Lebens entsteht aus der Verbindung von Wohlstand, Philosophie und Alltagsästhetik: So zeigen manche Mosaiken Jagdszenen, oder Gemüse, das heute noch zum Standard der Speisepläne gehört wie Artischocken oder Spargel. Außerdem sieht man das berühmte »Memento Mori« über die Vergänglichkeit des Lebens. Die mit Mosaiken verzierten Säulen im Ausstellungsraum erinnern

A AHOI!

Zurück in die römische Vergangenheit versetzt die wirklichkeitsnah angelegte Ausstellung im Untergeschoss des Museums, wo man Schiffe und andere Objekte aus dem **alten römischen Hafen** unterhalb des Maschio Angioino besichtigen kann. Beeindruckend und empfehlenswert! (Eintritt frei, neben der Metrosation Museo).

Leider fehlt der Skulptur eine dritte Hand, um ihre Kehrseite vor den neugierigen Augen der Besucher im Museo Archeologico Nazionale zu verstecken. Pech für die Statue, Glück für die Bewunderer der gehobenen Bildhauerkunst.

INFOS UND ÖFFNUNGSZEITEN

Museo Archeologico Nazionale di Napoli (MANN) 1: Piazza Museo 19, T 081 442 21 49, www.museoarcheologiconapoli.it, Mi–Mo 9–19.30 Uhr, 12/6 €. Mit Bookshop und Cafeteria.
Gabinetto Segreto: Besuch bitte am Infopoint anmelden.
Audioguide: In italienischer, englischer, französischer Sprache, 4 €
Mehr Infos: Aktuelles zu Sonderschauen, Vorträgen, Kinovorführungen, Lesungen, Theater und moderner Kunst im MANN auf facebook.com/MANNapoli
Complesso Universitario Sant'Andrea delle Dame 2: Via Luigi De Crecchio 7, Mo–Sa 9–16 Uhr

KULINARISCHES FÜR ZWISCHENDURCH

Bei **Capasso** 1 (Via Porta San Gennaro 2/3, T 081 45 64 21, Mi–Mo 10–16, 19–1 Uhr) können Sie eine Pizza probieren, die ein Gedicht oder vielmehr ein Gemälde ist (*pizza scarola:* mit gedünsteten Endivien, Oliven und Sardellen gefüllt) und währenddessen ein Werk des Barockmalers Matia Preti über dem Stadttor nebenan betrachten.

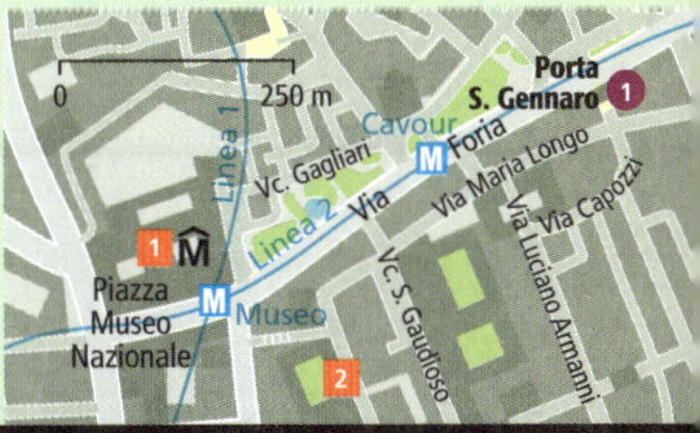

Cityplan: F/G 1/2 | **Metro:** Museo oder Cavour

daran, dass diese Kunst damals zum zwar alltäglichen, aber kostspieligeren Dekor im Lebensraum der römischen High Society gehörte (1. Zwischenstock links und 1. Stock).

Antikes Alltagsdesign

Das Material war ein anderes, aber der Zweck war der gleiche. Plastik gab es noch nicht, aber der antike Haushalt funktionierte ganz ähnlich wie der moderne. Das zeigt eine Fülle von Schalen, Bechern, Gläsern, Gabeln, Zangen und anderen Werkzeugen, von denen besonders die medizinischen faszinieren – und manchmal entsetzen. Wie Handwerk zu Wohlstand führt und dieser das Handwerk verbessert, ist die einfache und plastische Erkenntnis dieser opulenten Abteilung.

Pompejis Stadtmodell

Im Maßstab 1 : 100 gibt das Modell (1. Stock, Saal 96) einen Überblick über die antike Stadt und beweist nebenbei die enorme Kunstfertigkeit, mit der es vor eineinhalb Jahrhunderten geschaffen worden ist. Sein Detailreichtum ist fesselnd: Die Bautechnik der Häuser wird mit Gravierungen nachgeahmt, die Wandmalereien werden en miniature reproduziert. Dass die Finesse dieser Arbeit auch heute noch zur Handwerkskunst Ne-

H HOMO FABER

Für Naturgesetze, moderne Technologien und Wissenschaft ist in Neapel die **Città della Scienza (CdS,** Karte 6) zuständig. Anfassen, riechen, experimentieren – so haptisch kann Wissen sein. Nach einem verheerenden Brand im Jahr 2013 ist die Città della Scienza – übrigens ein Highlight für Kinder – größtenteils wieder aufgebaut und verfügt über zwei große Publikumsmagneten: **Corporea**, das interaktive Museum über den menschlichen Körper und das 3D-Planetarium (cittadellascienza.it).

Schon in Pompeji wussten sich die Menschen erotisch zu amüsieren, lehrt dieses im Gabinetto Segreto zu bewundernde Fresko, das man in der einst unter Asche vergrabenen Stadt unterhalb des Vesuv entdeckte.

apels gehört, kann man in der Via San Gregorio Armeno (► S. 27) aktuell beobachten.

Kamasutra im Schatten des Vesuv

Das erotische Geheimkabinett (Gabinetto Segreto, 1. Zwischenstock, am Ende der Mosaiken) ist der ideale Ort, um möglicherweise vorhandene Traumata aus dem keineswegs als ›sexy‹ in der Erinnerung verbliebenen Lateinunterricht zu bewältigen. Mehr als 250 solcher ›obszönen‹ Exponate sind nach jahrzehntelanger Zensur in einer eigenen Abteilung ausgestellt (für Kinder nur in Begleitung der Eltern). Dass es sie gibt, ist Giuseppe Garibaldi zu verdanken, der bei seinem ersten Besuch entsetzt darüber war, was die Bourbonen den klassischen Statuen angetan hatten.

Unverklemmt und unverstaubt

Als eine der ersten Amtshandlungen nahm Garibaldi den schönen Körpern die vorgehängten Feigenblätter wieder ab. Dann ließ er die Geschlechtsteile wieder aus dem Lager holen und dort anbringen, wo die Bourbonen sie abgeschlagen hatten. Das spanische Herrscherhaus hatte einst befohlen, die anderen erotischen Fundstücke wie Fresken, Graffitis, Skulpturen und Objekte in Phallusform in einem Geheimkabinett zu verriegeln.

Vom Spektakel zur Sprühdose

Sex war in Pompeji ein Spektakel, mit Humor und Selbstironie inszeniert. Sexualität und Prostitution gehörten zu den festen Bestandteilen der Bankette, erotische Malereien verschönerten die Gärten, und Priapos, Gott der Fruchtbarkeit, schützte als Gemälde oder Talisman Haus und Familie. Unter diesem Blickwinkel bekommen die gegenwärtigen ›Schmierereien‹, die an viele Hauswände Neapels gesprüht wurden, eine ganz andere Bedeutung.

UM DIE ECKE

Hinter den Mauern der medizinischen Fakultät verbirgt sich einer der schönsten – und unbekanntesten – Kreuzgänge Neapels mit Wandgemälden und Palmenreihen: der **Complesso Universitario Sant'Andrea delle Dame** 2.

Bei den männlichen Jungfrauen – **I Vergini in der Sanità**

#9

NEAPEL FÜR FORTGESCHRITTENE

Ursprünglich, chaotisch, nur den Regeln des Viertels verbunden und fast touristenfrei – wenn Sie nicht selbst hier wären: In der Sanità können Reisende das Neapel finden, das sie suchen. In dem Viertel jenseits der alten Stadtmauern pulsiert Neapels Leben lautstark und leidenschaftlich.

Widersetzen Sie sich dem Paradoxon des Untouristischen! Für Fremde war der Bereich nördlich der Piazza Cavour bis in die 1990er-Jahre Sperrgebiet. Heute ist es ungefährlich, sich in das etwas abseits gelegene Quartier zu begeben. Die **Via dei Vergini** 1 ist seine Hauptstraße, auf der sich Leben und Verkehr des Viertels verdich-

Vor den Marktständen am Palazzo dello Spagnolo knattern die Mopeds vorbei – Alltag in der Sanità.

ten. Autos und Roller sollten in diesem Bereich zeitweise nur in eine Richtung fließen – theoretisch … Dass nur wenige Urlauber hierherfinden, liegt am Chaos – und an der **Brücke** 2, die einst ein König über die Sanità hat bauen lassen, um schneller seine Jagdgründe von Capodimonte zu erreichen. Diese radikale städtebauliche Maßnahme drängte das Viertel ins Abseits.

Die Palazzi des Sanfelice

Uns interessieren hier außer dem vormittäglichen Markt mit seinem Angebot an Gemüse, Fisch, Unterwäsche, Haushaltswaren und Hausschuhen vor allem zwei Häuser, die unterschiedlicher und gleichzeitig einheitlicher nicht sein könnten. Beide erhielten ihre beeindruckende Gestalt von dem Architekten Ferdinando Sanfelice (1675–1748), der bekannt ist für Meisterwerke der neapolitanischen Barockarchitektur. Eines davon ist der **Palazzo dello Spagnolo** 3 (Via dei Vergini 19), der seinen Namen einem Mann, genannt ›der Spanier‹, verdankt, der ihn zu Beginn des 19. Jh. kaufte.

Mit seinen schwungvollen Konstruktionen – Sanfelice war ein Spezialist für Treppenläufe – machte er sich einen Namen als führender Profanarchitekt. Er rückte das Bauelement ›Treppe‹ ins Zentrum des architektonischen Gesamtgefüges und gestaltete das offene Treppenhaus auffälliger als die äußere Gebäudefassade. Der Blick in den Innenhof des renovierten Palazzo dello Spagnolo von 1738 verdeutlicht das Prinzip: Die Treppe ist untergliedert in einen statischen Mittelteil und in dynamische Seitenflügel, die diese Bezeichnung wirklich verdienen, denn die gesamte Fassade sieht aus wie ein Raubvogel mit Schwingen.

Sanfelice verwandelte die Treppenläufe in theatralische Schauplätze und gab den Höhen und Tiefen des Alltagslebens somit eine Bühne. Ihre Wirkung entfalten die Treppenhäuser besonders dann, wenn jemand die Stufen hinauf- und wieder hinabsteigt und Sie selbst im Hof stehen und dabei zuschauen (oder umgekehrt).

Ein architekturgeschichtlicher Pflegefall

Während der ›Palast des Spaniers‹ saniert ist, zeigt der **Palazzo Sanfelice** 4 (Via Arena della Sa-

F
FÜHRUNG

Es geht in den Untergrund und in die Vergangenheit Neapels: Das Viertel Sanità mit seinen Katakomben steht im Mittelpunkt der faszinierenden Führung **»Il Miglio Sacro«** (›Die heilige Meile‹): Sie lernen die Welt des neapolitanischen Totenkults, alte Bestattungsrituale und die unter- und oberirdische Kunst vergangener Zeiten kennen. Die Tour umfasst unter anderem die Katakomben von **San Gaudioso** unter der Basilika **Santa Maria della Sanità** 5, und **San Gennaro** 6 neben der Basilica del Buon Consiglio, den berühmten Cimitero delle Fontanelle (Foto oben und ► S. 83) und die Sanfelice-Palazzi 3/4. Start ist sonntags 9.30 Uhr an der Basilica del Buon Consiglio (Via di Capodimonte 13, Bus 178, 168, Dauer ca. 4 Std., 15 €, Anmeldung: T 081 744 37 14, www.catacombedinapoli.it).

nità 2-6) deutliche Spuren des Verfalls und ist ein Beispiel dafür, dass nicht alle Meisterwerke in Privatbesitz so gepflegt oder restauriert werden, wie sie es verdient hätten. Oftmals gehören solche Bauwerke weitverzweigten Großfamilien, deren Mitglieder von den Mieteinnahmen profitieren oder leben und sich Investitionen zum Erhalt der Bausubstanz nicht leisten können oder wollen. Den Palazzo in der Via Arena della Sanità baute der geniale Architekt 1728 für seine Familie. Hier setzte er sein Konzept eines offenen Treppenhauses zum ersten Mal um.

Männliche Jungfrauen

Im Chaos des quirligen Viertels vergisst man sich vielleicht zu fragen, was die Straße Via dei Vergini überhaupt mit Jungfrauen zu tun hat – v. a. mit männlichen Jungfrauen, denn als weibliche Vertreterin würde sie Via *delle* vergini heißen. Die Antwort liefert die uralte Geschichte der Stadt: Als einst die alten Griechen Neapel besiedelten, brachten sie ihr familienübergreifendes Konzept der Bruderschaften mit. Eine davon waren die Eunostiden, die sich nach Eunostos, dem Gott der Keuschheit und Zurückhaltung, benannten und deren Ideal die männliche Jungfrau war. Dass es die Eunostiden heute nicht mehr gibt, verwundert also kaum. 1787 wurden Gräber dieser Bruderschaften im Tuffgestein unterhalb des Viertels gefunden. Noch heute können Sie Katakomben in der Sanità besichtigen, deren Name wiederum auf einen mittelalterlichen Orden zurückgeht, der sich um Kranke und Gebrechliche kümmerte.

Mysterium des Lebens: Oben quirlig, drunter geheimnisvoll – wie in einem dunklen Schoß verbirgt die Sanità in ihren Gewölben und Höhlen aus Tuffstein noch Riten und Bräuche, die antike und vorchristliche Wurzeln zu haben scheinen. So ließen sich Frauen mit unerfülltem Kinderwunsch innerhalb der Basilika S. Maria in der Capella S. Tommaso d'Aquino bis vor einigen Jahren auf einen frühchristlichen Steinsessel aus Tuff nieder: der Sitz der Fruchtbarkeit, der einst in den Katakomben stand.

Madonna I.

Die Basilika **Santa Maria della Sanità** 5 aus dem 17. Jh. wurde auf einem frühchristlichen Bau errichtet. In den darunter liegenden Katakomben **San Gaudioso** aus dem 5. Jh. können Sie auf einigen Fresken und Mosaiken noch erahnen, was diese zu ihrer Zeit abbildeten: die Madonna della Sanità, das älteste Marienbild der Stadt, sowie einige symbolische Darstellungen der Lebensfülle. Namengebend für die Katakomben war ein Heiliger, der auf einem Fresko aus dem 10. Jh. zu erkennen ist – San Gaudioso, ein Bischof aus Afrika. Er starb wohl 453 im neapo-

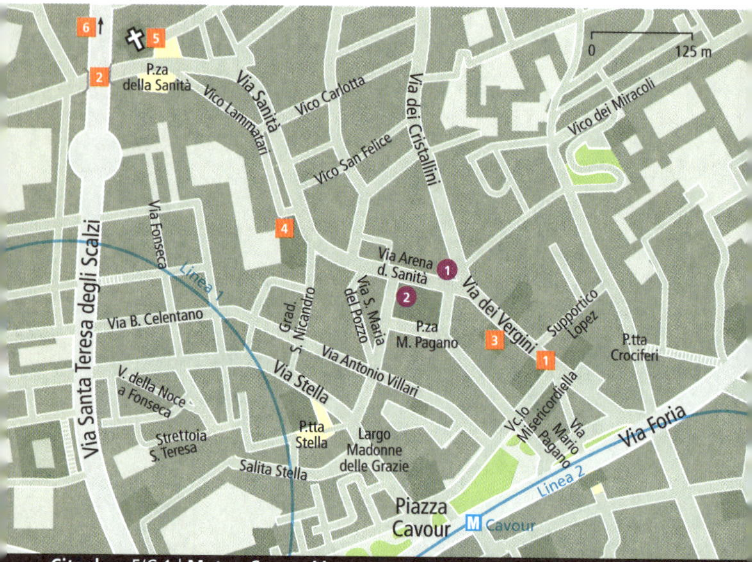

Cityplan: F/G 1 | **Metro:** Cavour, Museo

INFOS UND ÖFFNUNGSZEITEN

Santa Maria della Sanità 5 und Catacombe di San Gaudioso: Piazza Sanità 14, Kirche 8.30–13.30, 17–20 Uhr, So nur vorm., Katakomben tgl. 10–13 Uhr, 9 € (Kombiticket mit Catacombe di S. Gennaro, inkl. Führung)

KULINARISCHES FÜR ZWISCHENDURCH

Ciro Poppella 1: Via Arena alla Sanità 24, T 081 45 53 09, tgl. 7.30–20.30 Uhr Pizza-Klassiker, originelle Neuinterpretationen sowie Frittiertes bereitet der talentierte **Pizzaiuolo Ciro 2** zu (Concettina ai tre Santi, Via Arena d Sanità 7, T 081 29 00 37, www.pizzeriaoliva.it, Mo–Sa 12–24, So 12–16 Uhr, 5–15 €).

litanischen Exil, nachdem er mit seiner kleinen Christenschar in Afrika verfolgt und in einem Boot ausgesetzt worden war. Dieses sollte kentern, gelangte aber wundersamerweise bis nach Neapel.

UM DIE ECKE

Süßer die Flocken nie schmeckten

Ciro Poppella 1 heißt der neue Konditorstar der Stunde. Seine Kreation, der *Fiocco di Neve* (Schneeflocke), erobert von der Sanità aus Neapel und erweitert das Süßspeisenrepertoire um eine fluffige Spezialität: außen Brioche, innen raffinierte Ricottacreme. Schlange stehen lohnt sich, Vorbestellen auch.

Prunk im Park – **das Nationalmuseum Capodimonte**

10

Kunstjäger mit Picknickdecken

Im Bosco di Capodimonte verlustierten sich einst königliche Herrschaften bei der Jagd. Heute strebt man im 134 ha umfassenden Park nur noch nach Kunstvergnügen und Kurzweil. Das Museum gilt als der ›Louvre Neapels‹ und bietet in 100 Sälen hochkarätige Kunst und Kunsthandwerk. Rüsten Sie sich mit Verpflegung und Picknickdecke für einen Ausflug in einst königliche Gefilde.

Von einem Jagdrevier mit passendem Schlösschen im Grünen träumte Bourbonenkönig Karl III., kaum dass er 1734 den neapolitanischen Thron bestiegen hatte – und wählte den Hügel von Capodimonte. Der frische Wind sorgte für ein gesundes Klima, die exponierte Lage, der

Eine Wohltat fürs Auge in Grün- und Blautönen: der Blick von Capodimonte auf den Vesuv

›Lo Spagnoletto‹ – den ›kleinen Spanier‹ nannte man in Neapel den aus der Region Valencia stammenden Maler Jusepe de Ribera. Einige Werke des Künstlers, der in Neapel lebte und starb, hängen im Museo di Capodimonte.

Panoramablick auf den Golf und die Nähe zum Zentrum kamen den Ansprüchen der königlichen Familie entgegen.

Königlicher Wankelmut

Hinter der **Porta Grande** 1, dem Haupteingang an der Via dei Ponti Rossi zur grünen Lunge Neapels, beginnt der Spianato, eine Anhöhe mit einem doch recht groß ausgefallenen **Jagdschloss.** Kaum hatten 1738 die Arbeiten an der ersten königlichen Residenz außerhalb der Stadtmauern begonnen, da änderte der Monarch seine Meinung: Er wolle keine Sommerresidenz, sondern ein Museum für seine berühmte Farnesische Kunstsammlung. 100 Jahre später konnte Ferdinand II. den Palast in seiner heutigen Form mit über 100 Gemächern fertigstellen. Seit 1957 sind darin Museum und Nationalgalerie, das **Museo di Capodimonte** 2, untergebracht. Und die Wiesen davor zählen im Frühling und Herbst zu den beliebtesten Bolzplätzen Neapels.

Masse mit Klasse

Die riesige Kunstsammlung aus dem Haus Farnese, die König Karl 1732 von seiner Mutter Elisabetta Farnese geerbt hatte, ist heute im Piano Nobile, dem ersten Stockwerk ausgestellt. Wenn Sie die 30 Säle durchqueren, können Sie Bilder von Michelangelo, Raffael und Tizian betrachten, insgesamt haben Sie aber erst ein Fünftel von einer der größten Pinakotheken der Welt gesehen – und von der einzigen Italiens, die alte Künstler und Moderne unter einem Dach präsentiert. Das berühmte Porzellanzimmer (Saal 52) aus dem Rokoko sowie Möbel, Skulpturen, Teppiche und Accessoires vermitteln einen Eindruck vom Reichtum der damaligen Herrscher. Im zwei-

E
EDEL

Als Marco Polo und andere Händler im 13. Jh. das erste Porzellan aus China mitbrachten, staunte halb Europa über diese Kunstfertigkeit. Es sollte allerdings fast 500 Jahre dauern, bis das Geheimnis der Komposition aus weißer Tonerde (Kaolin) und Feldspat gelüftet wurde und die ersten Porzellanmanufakturen in Paris, London und Meißen entstanden waren. Bourbonenkönig Karl gründete 1743 in Neapel die **Real Fabbrica di Porcellana** von Capodimonte, deren Porzellan sich durch eine besondere Mischung aus verschiedenen süditalienischen Tonerden und Feldspat auszeichnete. Die beeindruckende Virtuosität der damaligen Zeit verdeutlicht das Porzellanzimmer im Museum von Capodimonte, aber auch die Exponate im Museo duca di Martina im Park Villa Floridiana sind sehr sehenswert.

ten Stockwerk, auf mehr als 40 Säle verteilt, sehen Sie eine exzellente Gemäldesammlung mit viel Künstlerprominenz aus dem 14. bis 18. Jh., darunter auch Caravaggio, und in der Abteilung moderner Kunst im dritten Stock hängen Bilder, die extra für dieses Museum geschaffen wurden, u. a. von Burri, Kounellis, Merz und Warhol.

Geometrie im Grünen

Der Eingang in den **Bosco di Capodimonte** 3 führt durch das barocke Tor der Porta di Mezzo. Dahinter liegt ein großer Halbkreis, umsäumt von Steineichen und Statuen. Hier versammelte sich der Hof zu Beginn der Jagdpartie. Von der Mitte des Platzes aus lassen sich die fünf als Strahlen angelegten Wege mit einem Blick erfassen. Sie sind die ›Protagonisten‹ des formalen Parks, dem streng geometrisch angelegten Netz großer und kleiner Straßen, die sich sternförmig kreuzen. Je nach Beschaffenheit des Terrains reichen die Straßen unterschiedlich weit in den Park hinein und bieten zu jeder Tageszeit die Wahl zwischen

INFOS UND ÖFFNUNGSZEITEN

Museo di Capodimonte 2: Via Miano 2, T 081 749 91 11, www.museocapodimonte.beniculturali.it, Do–Di 8.30–19.30 Uhr, 12/6 €
Manche Säle werden nur im 2-Stundentakt geöffnet, wenige andere nur auf Reservierung. Audioguides, Museums-Café und Bookshop, im Juli oft Freiluftkonzerte.
Bosco di Capodimonte 3: Via Miano 4, www.museocapodimonte.beniculturali.it/real-bosco-parco-pubblico, tgl. ab 7.15, April–Sept. bis 19.30, Okt., Feb./März bis 18, Nov.–Jan. bis 17 Uhr

KULINARISCHES FÜR ZWISCHENDURCH

Familiäre Rezepte gibt's in der einfachen Trattoria und Pizzeria **Da Luisa** 1 (Via S. Antonio a Capodimonte 19, T 081 44 97 66, Mo geschl.), deren freundliche Chefin eigentlich Ornella heißt.

Cityplan: Karte 3 Capodimonte | **Bus** 168 u.178 bis Porta Piccola, C63 bis Porta Grande, Shuttle Capodimonte (► S. 113).

S
SCHÖN

Glückwunsch! Als »schönster Park Italiens« wurde der Bosco di Capodimonte 2014 ausgezeichnet. 2016 gewann die Grünanlage nochmals an Reiz, denn Museumsdirektor Bellenger ließ den Brunnen im sogenannten **Giardino delle Delizie** 11 neben dem Schloss – dem ältesten Parkabschnitt bei der Porta Grande – säubern und die Vegetation am Belvedere zurückschneiden. Die ursprünglichen Panoramapunkte und -perspektiven kommen so wieder zur Geltung, ebenso wie die sechseckig angelegte Treppe von Ferdinando Sanfelice im Eingangsbereich des Schlosses.

Der Erzengel Michael erwartet Sie im Museo di Capodimonte.

Schatten und Sonne. Der **Viale di mezzo** 4 ist der längste Weg und gleicht mit den gewölbten Kronen der Steineichen einem überdachten, schattigen Boulevard. Sie gehen sanft bergab in Richtung des Tales von Miano, zumeist in Begleitung von Joggern oder Familien. Am Wegesrand liegen rechts der **Fabbricato Cataneo** 5, ehemals für die Landwirtschaft genutzt, und die **Vaccheria** 6. Das Gebäude diente der Rinderzucht und war zudem eine Käserei.

Inszenierte Landschaften

Mit der Gestaltung des Waldes begann man 1735. Landschaftsszenerien durften genauso wenig fehlen wie Brunnen, Statuen und ummauerte Gärten. Bei der Bewaldung und Bepflanzung des formalen Parks wurde in erster Linie ein praktisches Jagdrevier aus Steineichen, Kastanien, Steinbuchen und Ulmen, aus Myrte-, Königslorbeer- und Rainweidensträuchern und Lichtungen geschaffen.

Nach der Vaccheria ändert sich die Parklandschaft. Rechts und später auch links des **Viale di mezzo** 4 wechseln sich Wiesen mit kleinen Wäldchen ab. Ursprünglich dienten die sonnigen Flächen der Landwirtschaft. Erst im 19. Jh. gestalteten Landschaftsarchitekten und Botaniker diese Zonen nach Vorbild des englisch-romantischen Gartens. Kurz vor dem Ende des großen Viale di mezzo können Sie einen Abstecher nach rechts zum **Giardino Torre** 7 unternehmen, der als einer der wenigen der einst zahlreichen *Giardini delle Delizie* erhalten blieb.

Da nicht alle Seitenpfade – v. a. solche in den tiefen Taleinschnitten – des Parks zugänglich sind, erreichen Sie seinen westlichen Teil am besten, indem Sie den Vialone wieder ein Stück zurücklaufen und dann eine Querverbindung nehmen. Das Gelände rings um das **Casino della Regina** 8, wo sich die vornehmen Herrschaften einst von der anstrengenden Jagd erholten, und der früheren **Fasanerie** 9 wirkt wieder verspielter als die formal strenge Mitte des Boscos. Wiesen, Baumgruppen und geschwungene Wege laden zum Schlendern, Ausruhen und Picknicken ein. Der Stradone della porcellana führt schließlich vorbei an der ehemaligen **Real Fabbrica di Porcellana** 10, in der das berühmte Porzellan Capodimontes angefertigt wurde, wieder Richtung Ausgang.

Neapels größte – **die Piazza Plebiscito**

11

360°
SCHWENK
IN HD

Vor 20 Jahren war hier noch ein riesiger Parkplatz. Wenn Sie heute die Piazza Plebiscito überqueren, ist das kaum vorstellbar. Denn in den 1990er-Jahren befreite der damalige Bürgermeister Bassolino die Piazza von den Pkw und gab der Stadt den Blick auf ihre Geschichte zurück.

Diese Besichtigung beginnt anders. Sie brauchen ein Tuch oder etwas Ähnliches, um sich die Augen zu verbinden. Dann geht's los: Stellen Sie sich vor das große Tor an der Längsseite exakt in die Mitte zwischen die historischen Figuren des **Palazzo Reale** 1. Schauen Sie sich nun die beiden **Reiterstatuen** 2 auf der gegenüberliegenden Seite der Piazza an, verbinden Sie sich die Augen und drehen sich ein paar mal um die eigene Achse. Ziel ist es, ›blind‹ auf einer imaginären geraden Linie mitten durch die beiden Reiter hindurchzugehen.

Ist der Radler so winzig oder die Löwen so riesig? Sicher ist: Die Piazza Plebiscito ist wirklich groß – das Fahrrad als Fortbewegungsmittel also gut gewählt.

Das Tempo für Entdeckungen bestimmen Sie selbst.

► LESESTOFF

Erri de Luca: **Montedidio,** List Tb 2014. Ein Junge wächst in der Armut des Nachkriegs-Neapels auf und lernt, inmitten von Elend, Arbeit und Gewalt Momente von Liebe, Schönheit und Freiheit zu finden.
Maurizio de Giovanni: **Die Gauner von Pizzofalcone,** Kindler 2016. Inspektor Lojacono übernimmt das Kommissariat von Pizzofalcone und muss seinen zweiten Fall lösen. Den Spitznamen ›Die Gauner‹, der tatsächlich die Polizei meint, haben er und sein Team ihren korrupten Kollegen zu verdanken, die den Dienst quittieren mussten. De Giovanni wurde mit Krimis bekannt, die im Neapel der 1930er-Jahre spielen.

Blinde Kuh zwischen Pferden

173 m sind es bis zu den Bourbonenherrschern Karl III. und Ferdinand I., die hoch zu Ross fast argwöhnisch die Piazza beäugen. Das beliebte Blinde-Kuh-Spiel, zu dem Neapolitaner gerne ihre Gäste einladen, endet immer fernab der Ziellinie zwischen den Skulpturen. Schuld daran ist die Neigung des Platzes. Die leichte Steigung vom Palazzo Reale bis zum prunkvollen Halbrund des gegenüberliegenden Säulengangs führt jedes Gespür für die richtige Richtung in die Irre.

Kultureller Neustart

Bis in die 1990er-Jahre hinein war ein Umherschlendern – ob mit offenen oder geschlossenen Augen – über den größten Platz der Stadt undenkbar. Denn er wurde von 1963 bis 1994 profan als *parcheggio,* als Parkplatz genutzt. Fragen Sie mal Neapolitaner, wie die Piazza damals aussah. Sie werden von Autolawinen, Pkw-Wracks und Bussen erzählen, zwischen denen Kinder manchmal sogar Fußball spielten. Antonio Bassolino, damals frisch gewählter Bürgermeister, ließ den Platz mithilfe der Staatsanwaltschaft räumen. Seither gilt die Piazza Plebiscito vielen als Symbol für Neapels kulturellen Neuanfang in den 1990er-Jahren. Kritiker behaupten allerdings, die Umwandlung der Piazza Plebiscito sei nicht konsequent zu Ende gebracht worden und hinterließe deswegen einen unfertigen Eindruck.

Alltägliche Machtspiele

Seitdem der Platz wieder dem Volk und nicht mehr den Fahrzeugen gehört, spielen hier die Jungs aus den Quartieri Spagnoli tagsüber Fußball, streunende Hunde wärmen sich in der Sonne, am Wochenende ziehen Familien von der Via Toledo Richtung Meer. Die Piazza ist das ganze Jahr gut besucht und dient als Schauplatz für Konzerte, Kultur- und Sportveranstaltungen. Dieser Piazza-Alltag steht im Kontrast zum architektonischen Paukenschlag des Platzes, den ein Rundblick um 360° offenbart: Politik und Klerus stehen einander im Gleichgewicht gegenüber. An den Seiten zeigen weitere weltliche Gebäude demonstrativ ihre Macht: die Paläste für das **Militärkommando** 3 und die **Präfektur** 4. Dazwischen tut sich ein Lichtblick auf: das Panorama

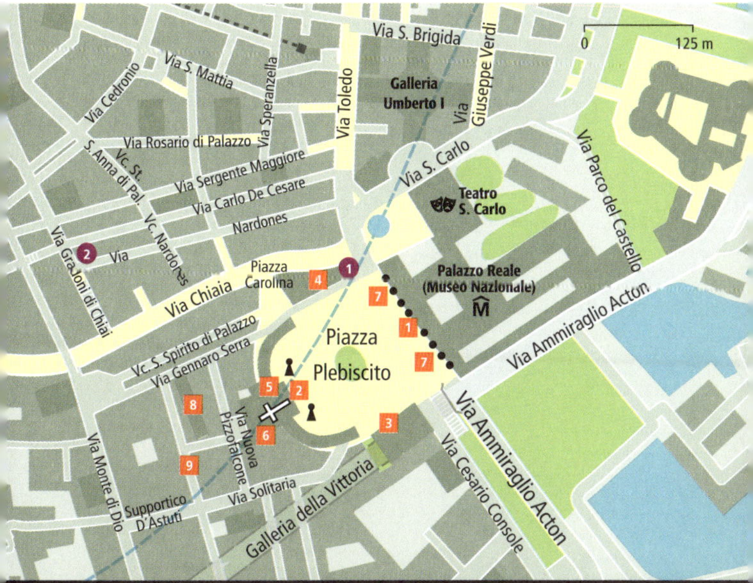

Cityplan: E-G 5/6 | **Metro:** Municipio, Toledo

INFOS UND ÖFFNUNGSZEITEN

Museo Palazzo Reale 1: Piazza Plebiscito 1, http://palazzorealenapoli.it, Do–Di 9–20 Uhr, 4/3 €
Chiesa San Francesco di Paola 6: Mo–Sa 6.45–12, 16.30–19.30 Uhr, So, Fei 8–12 Uhr
Galleria borbonica 8: Vico del Grottone 4, T 081 764 58 08, www.galleriaborbonica.com, Fr–So, Fei Führungen um 10, 12, 15.30, 17.30 Uhr, 10 €

KULINARISCHES FÜR ZWISCHENDURCH

Am Dreh- und Angelpunkt des Salons von Neapel befindet sich das berühmteste Kaffeehaus der Stadt. Im **Gambrinus** 1 (Piazza Trieste e Trento 38, tgl. 7–24 Uhr, ► S. 91) traf Giuseppe Verdi seine Geliebte, Gabriele D'Annunzio dichtete und italienische Staatspräsidenten erholten sich bei einem *caffè*. Vom Volksplatz zu den Speisen des Volkes ist es auch nicht weit.
Die Osteria **Don Maccarone** 2 (Via Gradoni di Chiaia 12, T 081 40 32 51, Menü ab 20 €) hat alle Attribute eines ›Geheimtipps‹, denn Maria-Rosaria und ihr Team arbeiten nach dem Motto: »Die kulinarische Tradition wirft man nicht einfach in den Müll«. Köstlich-klassisch sind die Gerichte: gegrilltes Gemüse, Hackfleischbällchen und Tintenfischsalat als Vorspeise, Pasta mit Meeresfrüchten und Muscheln, als Hauptgang z.B. frittierte Sardellen.

über den Hafen zum Vesuv. Zunächst präsentiert sich jedoch die kirchliche Obrigkeit schwungvoll mit einem glänzenden **Marmor-Säulengang** 5. Napoleons Schwager und damaliger Herrscher über Neapel, Gioacchino Murat, hatte den Porti-

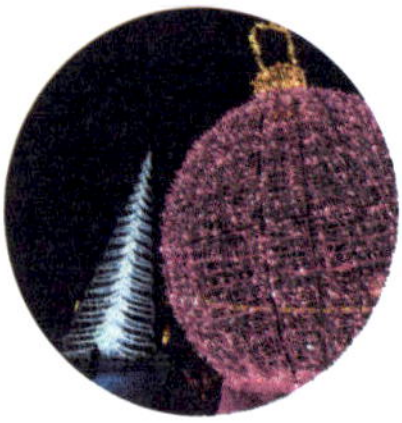

An schicker Weihnachtsdeko kommt selbst die ehrwürdige Piazza Plebiscito nicht vorbei.

kus erbauen lassen. Ursprünglich gedacht als der Anfang einer Reihe von Repräsentationsbauten, wurde das protzige Halbrund von den Bourbonen 1817 bis 1846 zum Dank für die wiedergewonnene Regentschaft über Neapel mit der **Chiesa San Francesco di Paola** 6 gekürt. Das römische Pantheon ist das deutlich erkennbare Vorbild des Monuments mit seiner Kuppel von 34 m Durchmesser und 53 m Höhe.

Herrscher im Salon von Neapel

Gegenüber der Kirche thront die weltliche Befehlsgewalt, der ehemalige Herrscherpalast. Im Palazzo Reale ist ein Nationalmuseum mit mehr als 30 Sälen untergebracht. Das Appartamento Storico nimmt den Raum der früheren königlichen Gemächer ein, die größtenteils im Stil des 19. Jh. eingerichtet sind. Es finden sich hier aber auch ältere Möbel, Wandteppiche und Gegenstände aus der 400-jährigen Geschichte des Palastes. Beeindruckend ist die herrschaftliche Ahnengalerie in den Nischen der Palazzo-Front. Dort sind die **Statuen der Stadtregenten** 7 – von Roger dem Normannen bis zu Vittorio Emanuele II. – zu bewundern. Die Herren sehen zwar teils wie ihre eigenen Karikaturen aus, dennoch können Sie die Stadtgeschichte von Epoche zu Epoche an ihnen vorbei regelrecht ablaufen. Bis zu der Stelle, an der sich die Piazza zum Meer öffnet. Dort ist der repräsentative Salon Neapels vielleicht am schönsten: mit Blick auf die Palmen Richtung Meer und dahinter der majestätische Vesuv – der älteste und imponierendste Herrscher über die Stadt.

V VERSTECKT

Wenn Sie von Expeditionen unters neapolitanische Straßenpflaster Neapels nicht genug bekommen können, wartet im Rücken der Piazza Plebiscito eine weitere Entdeckung im Untergrund auf Sie: Der Bourbonenherrscher Ferdinand II. ließ hier zu militärischen Zwecken einen unterirdischen Tunnel anlegen. Die **Galleria borbonica** 8 ist mit dem Wasserversorgungssystem aus der Antike verbunden und kann besichtigt werden.

→ UM DIE ECKE

Griechische Erinnerungen

Seitlich der **Chiesa di San Francesco di Paola** bringt Sie die Via Solitaria auf die langgestreckte **Via Egiziaca a Pizzofalcone** 9, die das gleichnamige Viertel Pizzofalcone (auch Montedidio genannt) quert und zum Aussichtspunkt von **Monte Echia** führt. Dort oben befand sich der erste antike griechische Siedlungskern, der bis zum Inselchen Megaride (heute Castel dell'Ovo) reichte. Der heutige Aussichtspunkt soll übrigens renoviert und per Aufzug mit dem darunterliegenden Viertel Santa Lucia verbunden werden.

Magische Zeiten – **am Castel dell'Ovo**

12

DAS EI WAR ZUERST DA!

Es gehört zum Bild von Neapel wie das Meer, der Vesuv und die Pinie auf manch einer Postkarte: das im Meer vorgelagerte, doch mit dem Festland verbundene Felsmassiv, gekrönt von einer Burg aus gelbem Tuffstein, dem Ei-Kastell. Hier begegnen sich gleich mehrere Legenden, und jede ist wahr, zumindest ein bisschen.

Sie brauchen nicht viel Fantasie, um in die Antike einzutauchen, wenn Sie vom Festland übers Kopfsteinpflaster zum **Castel dell'Ovo** 1 gehen. Die massive, aber gar nicht furchteinflößende Burg sieht so aus, als habe man sie zu touristischen Zwecken extra hierhinkonstruiert. Besonders die fotografierenden Japaner nah an den Bussen am Uferhighway nutzen sie gern als Kulisse. Sie werden wissen, dass sie vor dem Symbol für den Beginn einer Besiedelung stehen, die mittlerweile schon weit die Hänge des entfernt

Malerischer geht es kaum: Am Castel dell'Ovo jagt ein Fotomotiv das nächste.

sichtbaren Vesuvs hochgekrochen ist. Früher war hier nichts außer dem Meer, dem Felsen und dem nach Jahrtausenden verschwundenen Piniengrün.

Die ersten Siedler waren gute Seefahrer und kamen aus dem griechischen Staat Megaris westlich von Attika. Vor 2700 Jahren fuhren sie los und landeten – nach der Gründung des benachbarten Cuma – an der Küste vor Neapel. Dem vorgelagerten Inselchen, auf dem sie sich niederließen, gaben sie den Namen ihres Staates. Hier siedelten sie, Erzählungen zufolge, nah dem Grab der Sirene Parthenope.

S
SIRENEN

Sie soll die schönste der Sirenen gewesen sein, die einst an den Stränden vor der Stadt ihren Gesang anstimmten: **Parthenope.** In der Antike galt das zauberhafte Wesen als Beschützerin von Neapolis, heute ist ihr Name Synonym für die Stadt. Dem Mythos nach starb Parthenope, weil Seefahrer Odysseus ihrer Stimme nicht erlag – und zwar an der Stelle, an der später das Castel dell'Ovo errichtet wurde. Ursprüglich gehörte die Insel zum ersten griechischen Siedlungskern im späteren neapolitanischen Stadtgebiet, die – zu Ehren der verstorbenen Sirene – den Namen Parthenope trug. Einen Brunnen mit dem Ebenbild der Sirene finden Sie auf der Piazza Sannazaro in Mergellina.

Vom Sperrgebiet zum Ausflugsziel

Erst seit 1975 dürfen Besucher den Tuffkoloss besteigen. Vorher diente er dem Militär. Heute haben Sie sogar die Wahl, die Burg mit dem Fahrstuhl oder zu Fuß zu erreichen – wir empfehlen den Fußweg. Er führt langsam ansteigend (der Eingang zum Aufzug kommt bald zur Rechten) vorbei am **Borgo Marinaro** 2, der kleinen Siedlung für Fischer, die heute vorwiegend von der Gastronomie leben. Nach einer scharfen Rechtskurve führt der Weg durch die Burg weiter nach oben.

Windige Perspektiven

Eine frische Brise weht immer übers Kastell und Fotomotive springen Sie förmlich an. Wie überall in Neapel ist die Architektur auch hier eine geschichtete: Ursprünglich wurde das Kastell im

Die Sirenen von heute nehmen das Ruder selbst in die Hand.

INFOS UND ÖFFNUNGSZEITEN

Castel dell'Ovo 1: Via Eldorado 3, Mo–Fr 9–19.30 (Nov.–März bis 18.30), Sa/So 9–14 Uhr

Nase e Cane Rent Boat 1: Via Eldorado 1, T 368 313 16 85, tgl. früh bis spät, legendärer Bootsverleih (Kajak, Ruder-, Motor-, Segelboot), Ruderboot um die 20 € Tagespreis, Bootstouren ab 15 €/Pers.

KULINARISCHES FÜR ZWISCHENDURCH

Bereits 1985 öffnete **Le Bar 1** (Via Eldorado 7, Mitte März–Okt. Di–Sa 17–3, So ab 10 Uhr, Nov.–Mitte März Di–So 18.30–3 Uhr) als erste Bar unterhalb des Castel dell'Ovo seine Türen (seitlich der Zugangsstraße). Richtig genießen können Sie Stimmung und Ausblick am besten an warmen Wochentagen, wenn sich nicht die ganze Stadt ein romantisches Stündchen gönnen will.

›Die Schaluppe‹ **La Scialuppa 1** (Piazzetta Marinari 5, T 081 764 53 33, www.ristorantelascialuppa.net, tgl., Menü 40 €) war das erste Restaurant am Ort. Seit 1860 werden hier die *scialatielli ai frutti di mare* serviert. Das Traditionslokal gehört zu den feineren Adressen im Borgo. Auch Fleischgerichte und Pizza werden angeboten – aber wer verzichtet schon auf die Gelegenheit, hier Meeresfrüchte oder Fisch zu verspeisen, wie sie schon vor eineinhalb Jahrhunderten angeboten wurden?

Ein Geheimtipp für die Freunde von Muscheln ist die **Trattoria da Patrizia 2:** Die Saison wird hier jährlich mit einem traditionellen Muschelessen zu Ostern eröffnet (Borgo Marinaro 24, T 081 764 64 07, Ostern–Okt., keine Kredit- oder EC-Karten).

Cityplan: F 7/8 | **Bus** R 7

9. Jh. errichtet, als Überbau einer Kirche aus dem 5. Jh., die wiederum auf einer Villa des Lukull stand. Entscheiden Sie selbst, aus welcher Epoche die sichtbaren Säulen und Treppengänge stammen, aber vergessen sie nicht, die Nase in den Wind zu halten und das Panorama von der obersten Plattform des Kastells zu genießen! Nutzen Sie Jacke oder Pulli als Sitzkissen zum Entspannen und lassen Sie die Gedanken schweifen, von oben nach unten: Denn unten liegt laut Legende das Ei, das der Burg ihren Namen gab.

Castel dell'Ovo

Das Ei des Vergil

Wer mit seinem i-Phone kalauernd ein Foto vom Ei-Kastell macht, verbindet das Zeitalter der Elektronik mit dem der Magie. Zwar sagen manche

Baden à la Napoli

Forscher, die Begründung für den Namen der Burg liege in ihrem eiförmigen Grundriss, aber daran glauben wir kaum und die Stadtbewohner schon gar nicht. Viel interessanter erscheint uns, so wie den Legenden liebenden Neapolitanern, die Geschichte vom Dichter Vergil, der, im Mittelalter für einen Magier gehalten, im Inneren des Kastells ein magisches Ei gehütet habe. Natürlich gibt es dieses Ei heutzutage genauso wenig wie die freilaufenden Hühner unten im Viertel.

Aber vor langer Zeit gab es das Ei bestimmt einmal. Es lag in einer Karaffe und war darin in einem Käfig unten in einem Verlies des Kastells aufgehängt mit nur einem Zweck: ganz zu bleiben, denn von seinem Schicksal hing auch die Unversehrtheit der gesamten Stadt ab. Tatsächlich sei die Burg eingestürzt, als das Ei einmal zu Bruch ging, so die Legende – das heutige Erscheinungsbild des Kastells geht auf seinen Wiederaufbau zu Beginn des 14.Jh. zurück.

Ankern in Santa Lucia

Nach so viel windiger Magie, nach den prächtigen Ausblicken auf den Vesuv und nach Mergellina, auf die Edelhotels gegenüber und den Borgo Marinaro könnten Sie vor einer wichtigen Entscheidung stehen: Jachten gucken, essen gehen oder nur einen kleinen Imbiss nehmen? Wer Schiffe oder Boote anschauen mag, kommt ganz kostenlos auf seine Kosten. Der exklusive Hafen heißt **Porticciolo di Santa Lucia** 3 – den früheren Hafen von Santa Lucia gibt es heute nicht mehr, er verschwand mit dem Bau der Uferstraße. Zwischen den Jachten der High Society, die jährlich große Summen für ihre exklusiven Liegeplätze zahlt, dümpeln jedoch noch ein paar Fischerboote. Manche bieten ihre Dienste für eine Rundfahrt ums Kastell und ufernah durch den Golf an.

F FERNE

Zwischen 1860 und 1960 verließen etwa 25 Mio. Italiener ihr Land Richtung USA, Argentinien und Brasilien – eine Überfahrt kostete damals weniger als ein Zugticket nach Nordeuropa. US-Waren wurden in Neapel entladen und Menschen Richtung Amerika verschifft. Zwei neapolitanische Lieder besingen eindrucksvoll und herzzerreißend das Drama der **Migration** aus Sicht der Auswanderer: ›Santa Lucia luntanu‹ (Text u. Musik E. A. Mario, 1919) und ›Lacreme Napuletane‹ (Text Libero Bovio, Musik Francesco Buongiovani, 1925). Sie sind inzwischen weltberühmt, von bedrückender Aktualität und leicht bei Youtube zu finden oder auf der Streaming-Seite des italienischen Kulturministeriums (http://www.canzoneitaliana.it).

UM DIE ECKE

Flanieren am Lungomare

Die Meeresfront von Santa Lucia (Via Partenope und Via Caracciolo) bis zur Villa Communale (Piazza Vittoria) ist Fußgängerzone und eignet sich hervorragend für einen Spaziergang mit herrlichem Meerblick zu Fuß – oder per Rad auf dem ersten Radweg der Stadt, der sogar bis nach Mergellina reicht!

13

Stadtpark mit Krake – **Villa Comunale und Aquarium**

Durchs Grüne zum Blauen: Dieser Spaziergang durch blühende Gärten endet mit einem Einblick in die mediterrane Unterwasserwelt. Früher lag das Aquarium direkt am Strand, inzwischen ist es in die Mitte des Stadtparks gerückt – oder vielmehr umgekehrt.

Der schönste Spaziergang der Welt

»Ohne Zweifel der schönste und vor allem der aristokratischste Spaziergang der Welt«, schrieb Alexandre Dumas 1835 über Neapels Gartenmeile, die sich mehr als einen Kilometer lang von der **Piazza Vittoria** 1 bis nach Mergellina erstreckt. Links das Meer, rechts der vornehme Stadtteil **Chiaia** 2. Dessen Name entstammt dem lateinischen Wort für Strand: ›plaga‹ wandelte sich zum

Verliebt in Neapel. Was gibt es Schöneres?

Cityplan: D/E 6/7 | **Metro:** Amedeo

INFOS UND ÖFFNUNGSZEITEN

Villa Comunale 3: Riviera di Chiaia, tgl. 7–21, im Sommer bis 24 Uhr
Aquarium Dohrn 6: Bis Januar 2019 dauert die umfassende Sanierung des Aquariums, nähere Informationen zu Öffnungszeiten und Eintrittspreisen waren vor Redaktionsschluss noch nicht bekannt (T 081 583 31 11, www.szn.it).

KULINARISCHES FÜR ZWISCHENDURCH

Getränke und Snacks gibt es in den bunten Chalets, welche die Villa Comunale und den Lungomare säumen. Das vornehmste dieser Mischung aus Kiosk, Laube und Terrassencafé ist das **Chalet Ciro** 1 (Mergellina: Via Caracciolo/ Ecke Via Orazio), das fast rund um die Uhr Getränke, Süßes und Salziges sowie köstliches Eis anbietet. Hier bei einem *caffè* oder Aperitif zu sitzen, kann viel Spaß machen: Sie erfahren einiges über das (sonntägliche) Sittenleben im sogenannten besseren Neapel. Kampaniens Köstlichkeiten zum Entdecken mitsamt Pizzeria finden Sie bei den **Eccellenze Campane Mare** 2 (Via Partenope 1, Mo 19.20–0, Di–So 10–0 Uhr, ► S. 99) an Tischen im Freien mit Meerblick.

katalanischen ›platya‹ und später zu ›Chiaia‹. Der Grund: Einst lagen Park und Aquarium unmittelbar am Ufer.

Zweispurige Straßenachsen umsäumen heute das grüne Band. Lange Zeit machte der rauschende Verkehr dort Wind und Wellen ihren Klang streitig. Doch seit der Verkehrsbeschränkung der Via Caracciolo (und der Via Partenope) müssen Steineichen, Pinien und Palmen in stiller

Anmut nur noch an der Riviera di Chiaia, der Landseite des Parks, dem Geknatter und Gehupe trotzen.

Adlige Flaneure

Die **Villa Comunale** 3 aus dem späten 18. Jh. ist ein Paradestück der Gartenarchitektur. Damals hatte nur die Aristokratie Zugang zum langgestreckten Königsgarten, von dem sich im 20. Jh. gerne Künstler und Schriftsteller wie Benedetto Croce, Paul Klee oder Joseph Conrad verzaubern ließen. Der Stadtpark wurde 1999 das erste Mal grundlegend saniert. Die Parkbeleuchtung sowie die bunten Chalets und Bars auf der Meeresseite der Villa tragen eine zeitgenössische Handschrift – was bei vielen Neapolitanern auf Kritik stieß.

Antikes Recycling

Ein breit angelegter **Weg aus Tuffgestein** 4 führt Sie längs durch den Park von einem Blickfang zum nächsten. Einen kurzen Stopp sollten Sie am ältesten Prachtbrunnen (1836) der Stadt, der **Fontana delle Papere** 5 (Entenbrunnen), einlegen. Er wurde vom Volksmund so genannt, weil dort früher eine Entenkolonie ihr Zuhause hatte. Das runde Becken war ursprünglich ein Bauelement des Neptun-Tempels von Paestum. Heute sind die quakenden Enten ebenso verschwunden wie der gewaltige ›Farnesische Stier‹, den Sie nun im Archäologischen Nationalmuseum bewundern können.

Aqua-Ballett

Der Spaziergang durch die Villa Comunale endet am **Aquarium Dohrn** 6, das keine Hightech-Einrichtung ist, sondern ein faszinierender ›Oldtimer‹ mit 30 Bassins. Darin tummeln sich etwa 200 Fischarten und Meerespflanzen – fast alle aus dem Golf von Neapel, der repräsentativ für das Mittelmeer ist. Gleichsam poetisch wirkt das Becken mit den Tintenfischen – sie schweben kunstvoll wie ein Ballettensemble durchs Wasser. Ein Erlebnis – nicht nur für Kinder – sind die *vasche tattili,* die kleinen offenen Becken mit Muscheln, Schnecken und Seesternen, in denen Sie die kleinen Meeresbewohner vorsichtig berühren dürfen.

Ü
ÜBRIGENS

Wenn sonntags die Zeit des Aperitifs vorüber ist, ändert sich das Szenario der Villa Comunale oft radikal. Familien aus den schicken Vierteln eilen zum Mittagessen bei Mama. Der entleerte Park gehört nun den ›Bediensteten‹ Neapels. Ukrainische Haushälterinnen, polnische Altenpflegerinnen und singhalesisches Hilfspersonal finden an ihrem freien Tag ein wenig Ruhe im Grünen.

Erfrischung gefällig?

▶ LESESTOFF

Bücher und mehr: Zurück zum Zentrum geht es über die Piazza dei Martiri. Dort liegt der Megastore von **Feltrinelli** 1 – eine dreistöckige Buchhandlung mit Musik- und Multimedia-Abteilung und netter Bar im Untergeschoss.

14

Explosives Dornröschen

Die graue Eminenz – der Vesuv

Er schläft. Niemand weiß, wie lange noch. Manchmal scheint der Vesuv bald aufzuwachen, wie bei einigen leichten Erdbeben 1999 vermutet wurde. Doch er ist der am besten kontrollierte Schläfer unter den Vulkanen weltweit.

Der graue Riese mit der Doppelspitze im Golf von Neapel ist der einzige aktive kontinentale Vulkan Europas. Nach dem letzten Ausbruch 1944 fiel er in einen Dornröschenschlaf, dessen Ende die Vulkanologen rechtzeitig vorhersagen zu können hoffen. Der **Vesuv** 1 ist zwar der besterforschte Vulkan der Welt, aber auch der am dichtesten bevölkerte (20 Kommunen mit etwa 400 000 Einwohnern). Die ersten Ausbrü-

So hielt ein Künstler im 19. Jh. einen Ausbruch des Vesuvs fest. Ziemlich beeindruckend!

che fanden vor 25 000 bis 17 000 Jahren statt. Bei der gewaltigen Eruption von 79 n. Chr., die Pompeji und Herkulaneum verschüttete und den Vesuv zum Vulkan-Star machte, wurde der ursprüngliche **Monte Somma** 2 zerstört und es entstand der **Große Kegel** 3 (Gran Cono) des Vesuvs. Deswegen trägt der Vulkan heute noch den Doppelnamen **Monte Somma-Vesuvio.** An der höchsten Stelle misst der Vesuv 1281 m, der Monte Somma 1132 m.

Lavawege mit antikem Suchspiel

Der Aufstieg auf den Vulkan, der in der neapolitanischen Volkskultur respektvoll *'a muntagna* genannt wird, beginnt bei dem **Piazzale** 4 auf 1000 Höhenmetern. In Serpentinen gehen Sie auf einer breiten Aschepiste bis zum eigentlichen Kraterrand. Feste Schuhe und ein wenig Kondition genügen zur Begehung, und am besten eignen sich klare Frühlings- oder Herbsttage.

Gegenwärtig gewährt der Krater einen 200 m tiefen und 600 m breiten Einblick. Das Panorama reicht vom Golfo di Gaeta im Norden bis zur Sorrentinischen Halbinsel im Süden. Sie können den Krater etwa bis zur Hälfte entlanglaufen: Am Ende des Aschepfades stehen Sie oberhalb des sogenannten **Agro Nocerino-Sarnese** 5, jener fruchtbaren Ebene, die vom Meer bis weit hinter den Vesuv reicht. Mit etwas Geduld entdecken Sie in diesem Flachland rings um das Flüsschen Sarno auch die Ruinen von **Pompeji** 6. Bereits in der Antike war die Ebene ein wichtiges Anbaugebiet für Obst und Gemüse, und es herrschte reger Handelsverkehr mit den landwirtschaftlichen Produkten.

Rauchzeichen – lebendig und bedrohlich

Trotz seiner Schläfrigkeit gibt der Vesuv ständig Lebenszeichen von sich. Am Kraterrand steigen zarte Dampffäden empor und lassen erahnen, dass der Vulkan mehr kann, als ein paar Fumarolen in die Umgebung zu pusten. Schautafeln erklären Geschichte, Zusammensetzung und Eigenarten des berühmten Berges. 3 Mio. Menschen leben im potenziellen Ausbruchgebiet des Vesuvs. Evakuierungspläne liegen für den Fall der Fälle bereit. Klar ist bislang nur, dass eine neue

Ü
ÜBRIGENS

Es ist das Erste seiner Art und heute das älteste vulkanologische Observatorium der Welt: Der Bourbonenkönig Ferdinand II. ließ 1843 an den Hängen des Vesuvs das **Osservatorio Vesuviano** bauen, um die Majestät im Blick zu behalten. Heute wird der Vulkan von dort aus wissenschaftlich überwacht, Infos: www.ov.ingv.it.

Für den Aufstieg zum Vesuv braucht man ein wenig Puste.

N
NAME

Sie schätzen die Onomastik? Dann wird Sie interessieren, dass der lateinische Name Vesuvius möglicherweise dem indogermanischen Wort *eus* für ›brennen‹ entstammt. In der griechischen Mythologie wurde der Vulkan mit dem Held Herkules in Verbindung gebracht.

Geschafft: Der Krater des Vesuv zeigt sich farbenfroh.

Eruption nach der andauernden Ruhephase höchst explosiv sein könnte, denn das gigantische Magmafeld in 8 km Tiefe ist wie von einem Stopfen verschlossen.

Vielleicht versteht man erst hier oben das Lebensgefühl in Neapel besser – mit knirschendem Lavastein unter den Füßen und die Metropole im Weitblick. Der Vesuv verkörpert die Vergänglichkeit des Lebens. Zwar bringt er blühende fruchtbare Landschaften hervor und eine paradisische Silhouette, dennoch reicht ein Grummeln und jeder weiß, dass im nächsten Augenblick alles vorüber sein könnte.

Vesuv

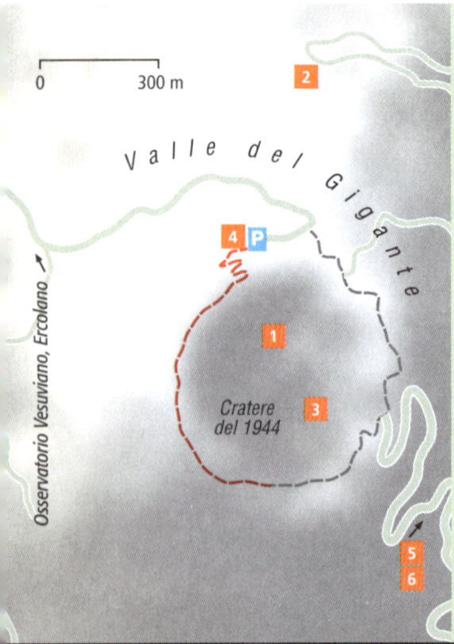

INFOS UND ÖFFNUNGSZEITEN

Piazzale 4 (Quota 1000): tgl. Juli/Aug. 9–18, April–Juni, Sept., 9–17, Okt., März 9–16, Feb. 9–15 Uhr, 10 €, für die Wanderung benötigt man keinen Wanderführer, Dauer mit Abstieg ca. 2 Std., Infos unter www.vesuviopark.it/grancono/index.asp.

KULINARISCHES FÜR ZWISCHENDURCH

Am Kraterrand gibt es nur eine Bar. Es lohnt also, Proviant mitzunehmen. Schmackhafte neapolitanische Küche bietet im Ort Ercolano die **Tubba Catubba** (Corso Resina 302, T 081 344 35 03, tgl. 11.30–15, 19–24 Uhr, Sa nur abends, So nur mittags, Menü 30 €).

Cityplan: Karte 5 | **Circumvesuviana** Napoli–Sorrento von Napoli Centrale bis Ercolano Scavi Campania-Express ► S. 112, ab Bf Ercolano **Busse** und **Sammeltaxis**

Antike hautnah – **Pompeji unplugged**

15

DIE EWIGE KATASTROPHE

Es ist wirklich eine ganze Stadt! Wenn Sie Pompeji nur von Bildern oder aus Büchern kennen, werden Sie vermutlich staunend vor den erhaltenen städtischen Strukturen der berühmtesten Ausgrabungen der Welt stehen. Ein Tag in Pompeji nötigt Bewunderung und Respekt ab: vor der Antike und dem Vesuv.

Für die Pompejer war der Vesuv der Berg des guten Weins. Sie waren stolz auf die fruchtbaren Ackerböden, denen sie ihren Wohlstand verdankten. Niemand ahnte etwas von der zerstörerischen Kraft von ›Jupiter-Vesuvius‹. Auch nicht, als das schwere Erdbeben von 62 n. Chr. Pompeji erheblich zerstörte und die Stadt über Jahre hinweg in eine Baustelle verwandelte. Als der Vesuv (nach neuesten Erkenntnissen am 24. Oktober 79) Pompeji unter Asche, Bimssteinen und Lapilli begrub, war der Wiederaufbau noch nicht

Die Nachbildungen aus Gips von Opfern des Vesuv-Ausbruchs im ›Garten der Fliehenden‹ bewegen noch 2000 Jahre nach der Tragödie die heutigen Besucher Pompejis.

abgeschlossen. Seit der Stadtgründung im 6. Jh. v. Chr. lebten an der Flussmündung des Sarno verschiedene ethnische Gruppen. Griechen, Etrusker und italische Samniten, die bis zur römischen Kolonisierung im späten 1. Jh. v. Chr. die politische und kulturelle Vormachtstellung innehatten, prägten Leben und Architektur der Stadt.

Rings um das Forum

Die luxuriösen Thermen **Suburbane** 1 liegen vor den Stadtmauern am Eingang der Ausgrabungen und werden wegen ihrer erotischen Fresken im Umkleideraum – darunter die einzige Darstellung lesbischer Liebe aus römischer Zeit – besonders gerne besucht. Im Obergeschoss des gut erhaltenen Thermenkomplexes aus augusteischer Zeit boten wohl Prostituierte ihre Dienste an.

Das **Forum** 2 war der wichtigste Platz in Pompeji. Nur Fußgänger hatten Zutritt zum Zentrum des städtischen Lebens mit den umliegenden Sakral-, Verwaltungs- und Wirtschaftsgebäuden. Der Platz stammt aus dem 2. Jh. v. Chr. Im Nordosten erstreckt sich das **Macellum** 3, der zentrale Markt für Fleisch und Fisch. Viele hier gefundene Geräte und Schuppen lassen annehmen, dass die runde Holzkonstruktion in der Mitte dem Fischverkauf diente.

Die Forumsthermen, **Terme del Foro** 4, entstanden ab 80 v. Chr. Das Warmbad beheizte man nicht wie die übrigen Räume mit Heißluft, sondern mit einem großen Kohleofen. Hier badete die römische Bevölkerung. Samnitische Familien bevorzugten die altvertrauten Terme Stabiane.

D
DOMUS

Häuser und Villen waren in Pompeji der Hauptschauplatz des täglichen Lebens und Zeichen des Wohlstands. Über das Atrium bezogen sie Luft, Licht und Regenwasser. Ringsum gruppierten sich Schlafzimmer und Repräsentationsräume. Ab dem 2. Jh. v. Chr. verlagerte sich der Mittelpunkt des Hauses (lat. *domus)* vom Atrium zum Peristyl, dem Säulengang mit Garten. Oft befand sich dort auch der große Speisesaal, das Triclinum. Außerdem kam zu dieser Zeit innerhalb der höheren Schichten in Mode, die Landhäuser auch als Sommer- und Ferienresidenzen auszubauen, wobei an Luxus nicht gespart wurde.

Für den hufeisenförmigen Zuschauerraum (cavea) des Teatro Grande machte man sich die natürlichen Gegebenheiten des Terrains zunutze, indem man ihn an einen abschüssigen Hügel baute. Bis zu 5000 Menschen hatten hier Platz.

Etwas abseits Richtung Ausgang ›Porta Esedra‹ liegt der **Tempio di Venere** 5 und bietet eine schöne Aussicht Richtung Amalfiküste.

Theaterviertel und Umgebung

Das kulturelle Zentrum der Stadt bildete den Kontrapunkt zum vorrangig politischen und wirtschaftlichen Forum. Im 2. Jh. v. Chr. in der Nähe des alten ›dorischen Tempels‹ entstanden, schloss es auch den Isis-Tempel und den Tempel des Asclepio mit ein. Das **Teatro Grande** 6 mit seinem halbrunden griechischen Grundriss nutzte die natürlichen Gegebenheiten der Landschaft.

Der **Isis-Tempel** 7 scheint der Lieblingstempel der Pompejer gewesen zu sein. Nach dem Erdbeben von 62 n. Chr. bauten sie ihn sofort und in größerem Ausmaß wieder auf. Hellenistische und ägyptische Elemente vereinten sich im Isis-Kult, den Händler und Seeleute schnell in Kampanien verbreiteten. Die ägyptische All- und Himmelsgöttin beherrschte das Schicksal und stellte ein besseres Leben in Aussicht.

Vom praktischen Leben in Pompeji erzählt der **Botanische Garten** 8. Hier werden alle Nutzpflanzen angebaut, die schon zur Zeit Pompejis verwendet wurden – von der medizinischen Flusspflanze bis zum Insekten abschreckenden Thymian, vom Feigenbaum bis zum Schilfrohr für Blasinstrumente.

Die **Terme Stabiane** 9 sind die ältesten Bäder der Stadt. Männer und Frauen badeten in verschiedenen Abteilungen. Zu besichtigen sind nur die Männerbäder, die in der typischen Reihenfolge – Umkleideraum, Kaltbad, Warmbad, Heißbad – um einen ›Sportplatz‹ (Palestra) mit Schwimmbecken angeordnet sind. Das Heizungssystem leitete Heißluft von den Öfen durch Hohlräume in Fußböden und Wände und sorgte so für eine angenehme Raumtemperatur. Der Ansturm auf die günstigen öffentlichen Thermen war groß, da nur reiche Bürger sich eigene Bäder leisten konnten.

Häuser und Villen nördlich des Forums

»Cave Canem!« Das Mosaik »Bissiger Hund« (Original im MANN) machte die **Casa del Poeta tragico** 10 berühmt. Warnungen vor dem Hund waren in den Hauseingängen keine Seltenheit.

A. Cossius Libanus hieß der Besitzer der **Casa di Sallustio** 11, einem der ältesten Häuser von Pom-

B
BESUCHER

Pompeji ist ein Mythos. Da wird es kaum jemanden verwundern, dass der Besucherstrom zu diesem Denkmal der Antike quasi nie abreißt. Um die antike Bausubstanz zu schützen, sind die Häuser und Gebäude im Rotationsverfahren geöffnet. Kalender mit den aktuellen Öffnungszeiten finden sich an den Haupteingängen oder auf www.pompeiisites.org. Die Pompejier bauten ihre *domus* damals für ein bis zwei Generationen, nicht für die Ewigkeit. Auch an den Häuser- und Gebäudeeingängen wird der Besucherstrom vom Servicepersonal geregelt. Rechnen Sie mit Wartezeiten vor den Häusern bzw. damit, dass Häuser wegen der Rotation geschlossen sind. Dafür sind seit 2016 viele Bezirke (Regio IV–IX) mit ihren Gärten und Straßen restauriert und frei zugänglich. Bildschirme informieren an den Eingängen über Öffnungszeiten und Reglement und geben Tipps zu kaum bekannten Straßenzügen und Häusern (Unexpected Pompeii).

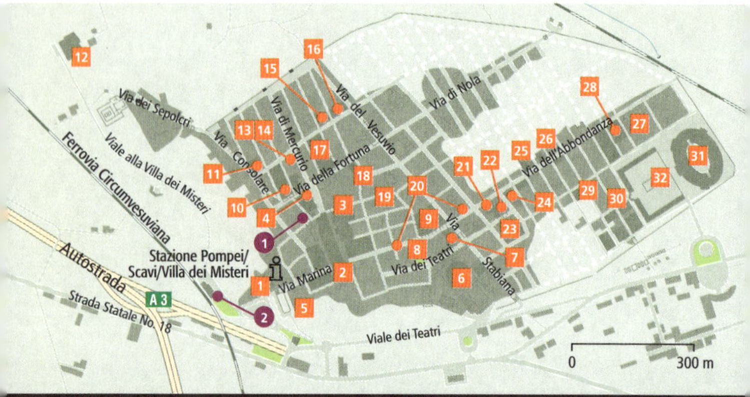

Cityplan: Karte 5 | **Anfahrt:** Circumvesuviana Stazione Centrale Neapel – Pompei Scavi. Campania-Express ▶ S. 112

INFOS UND ÖFFNUNGSZEITEN

Scavi di Pompei: Eingänge Porta Marina, Porta Esedra und Piazza Anfiteatro, T 081 857 53 47, www.pompeiisites.org, April–Okt. 9–19.30, Kassenschluss 18, Sa/So ab 8.30 Uhr, Nov.–März 9–17, Kassenschluss 15.30, Sa/So ab 8.30 Uhr, Tageskarte 15 €, Dreitageskarte 18 € (inkl. Oplontis, Boscoreale – je eine Besichtigung). Tickets online: www.ticketone.it.
Service: Info-Büro am Eingang Via Marina (Infos zu Pompeji, Herkulaneum, Oplontis, Boscoreale, Stabia und Friendly Pompei), Lageplan u. Kurzführer (Ital./Engl./Deutsch) gratis, Garderobe mit Gepäckaufbewahrung, nur an der Porta Marina informative Audioguides (auch Deutsch, Extra-Version für Kinder, Staffelpreise: ein Gerät für 8 €, jedes weitere weniger, gegen Vorlage eines Ausweises).
Friendly Pompei: Ab Porta Anfiteatro sind die Via dell'Abbondanza sowie die wichtigsten Gebäude barrierefrei zugänglich. Infomaterial und Anmeldung am Eingang.

KULINARISCHES FÜR ZWISCHENDURCH

Auf dem Gelände gibt es eine **Caffetteria** ❶ mit Bar (Thermenkomplex am Forum, 2019 soll ein Restaurant eröffnen). Wir empfehlen, Verpflegung mitzubringen und zu picknicken – aber bitte nur in den ausgewiesenen Zonen! Bei den meisten Verkaufsständen vor der Porta Marina ist das Preis-Leistungs-Verhältnis ungünstig.
Ausgewählte kampanische Produkte, kleine Gerichte (wie die *Parmigiana di melanzane)* und *Spremute* (frisch gepresste Säfte) gehören zu den Stärken von **Hortus Pompei** ❷ (Piazza Porta Marina superiore, T 081 536 45 66, www.pompei-hortus.it, tgl., Menü 20–40 €).

peji. Im ummauerten Garten mit Triclinum sind noch Wanddekorationen erhalten. Der Hausherr war möglicherweise Gastwirt. Ladenräume, ein Thermopolium und die Bäckerei mit Mühlsteinen und Steinbackofen gehören zum Haus.

Wohnbereich und landwirtschaftliche Nutzräume sind in der Mysterienvilla, der **Villa dei**

Misteri 12, durch das Peristyl miteinander verbunden. Die Villa gehörte wahrscheinlich der Familie der Istacidii, die sie mit Meerblick-Terrasse, Thermen und aufwendigen Wandmalereien ausstatten ließ. Ein fast lebensgroßes Fresko (Megalographia) bedeckt die Wände im Triclinum, das den Einweihungsritus eines Mädchens in einen geheimnisvollen – vermutlich dionysischen Kult – darstellt. Eine rekonstruierte Weinpresse steht im Kelter-Zimmer (die Villa ist auch über einen Weg, ab Eingang Porta Marina, außerhalb der Ausgrabungen zu erreichen).

In der **Casa della fontana piccola** 13 imitierten die Landschaftsfresken und der Springbrunnen den Luxus der großen Villen außerhalb der Stadt. Ein ähnlicher Brunnen steht im Nachbarhaus **Casa della fontana grande** 14 und ist von außen gut erkennbar.

Priapos, der Gott der Fruchtbarkeit, hütet den Eingang der **Casa dei Vetti** 15, des Hauses von Aulus Vettius Conviva und Aulus Vettius Restitutus, und schützt Bewohner und Gäste vor dem bösen Blick. Zusammen mit dem Lamm auf dem benachbarten Fresko symbolisiert er Reichtum und Wohlstand der Besitzer. Die erotischen Darstellungen im Priapos-Zimmer neben der Küche sind Beispiele für pompejische Popkultur.

Die vergoldeten Amoretten, die der **Casa degli Amorini dorati** 16 ihren Namen gaben, hängen heute im Museo Nazionale, früher zierten sie vermutlich das Schlafzimmer der äußerst wohlhabenden Besitzer aus der Familie der Poppea.

Mit seinen 3000 m² ist das Haus des Fauns, **Casa del Fauno** 17, das größte in Pompeji: ein Luxuspalast mit zwei Atrien und Peristylen, der architektonisch mit hellenistischen und römisch-aristokratischen Vorbildern mithalten kann. Der linke Eingang führt zu den aufwendigen Repräsentationsräumen; auf der rechten Seite liegen die privaten Gemächer mit eigenem Bäderkomplex. Die Bodenmosaike befinden sich heute im MANN, auch das Original der berühmten Alexanderschlacht, das ursprünglich zwischen den beiden Gärten platziert war.

Die Wandmalereien der **Casa della caccia antica** 18 stammen aus der zweiten Hälfte des 1. Jh. n. Chr., das Haus ist ca. 200 Jahre älter. Gut erhalten sind die Fresken im Tablinum: Amorini

Der Denkmalschutz in Pompeji ist eine gewaltige Herausforderung. Die Archäologen müssen Fehler der Vergangenheit oft mühevoll korrigieren. Pompeji war seit seiner Ausgrabung immer eine Versuchswerkstatt der archäologischen Instandhaltung: Mauern blieben zu lange dem Regen überlassen oder Häuser wurden mit zu schweren Betondächern falsch geschützt. Außerdem wurde Pompeji im Zweiten Weltkrieg von den Alliierten bombardiert, weil deutsche Soldaten auf dem Gelände vermutet wurden. Zwischen Ende August und Mitte September 1943 fielen etwa 100 Bomben auf die antike Stadt und zerstörten einige bis dahin perfekt erhaltene Gebäude.

Die Statuette des ›Tanzenden Fauns‹ steht im Impluvium der Casa del Fauna. Zumindest die Nachbildung des aus dem 2. Jh. v. Chr stammenden Kunstwerks. Das Original befindet sich in Neapel.

auf der Jagd in Nil-Landschaften. Im Speisesaal macht Zeus als Schwan getarnt der schönen Leda Avancen.

Das **Lupanare** 19 war das größte der ca. 25 pompejischen Bordelle. Parterre und im ersten Stock gibt es je fünf schlichte Zimmer, nur mit gemauertem Bett und Matratze ausgestattet. Einfache erotische Fresken zieren die Wände. Die Prostituierten (lat. *lupa*) waren Sklavinnen und kamen aus Griechenland oder dem Orient.

... bei der Via dell'Abbondanza

Die **Via dell'Abbondanza** 20 war die Hauptader des städtischen Lebens in Pompeji mit Läden, Handwerksbetrieben und Thermopolien (antiken Bars). Das Gewerbe der Färber und Wäscher florierte in Pompeji. Die **Fullonica** 21 (Wäscherei) des Stephanus nutzte die Räume eines ehemaligen Wohnhauses, das der Besitzer um den rechten Teil der Casa del Larario di Achille erweitert und zum Fachbetrieb umfunktioniert hatte. Das Impluvium (Regenwasserbecken) im Atrium diente als Wanne für Feinwäsche, daneben stehen noch die Reste einer Bügelpresse. Am Ende des Gebäudes stampften die Fullones in den ovalen Wannen die Wäsche in einer entfettenden Mischung aus Wasser und Soda oder Urin – Seife gab es noch nicht. Zum Spülgang kamen Kleidung und Stoffe in drei übereinandergestufte Becken.

In den letzten Jahren des pompejischen Lebens waren aufwendige Jagd- und Landschaftsmalereien äußerst beliebt. In der **Casa dei Ceii** 22, dem Haus der Ceier, vergrößern sie den kleinen Garten optisch und verleihen dem einfachen Haus etwas vom Glanz einer Patriziervilla. Die Darstellungen weit entfernter exotischer Länder bildeten eine fantastische Kontrastwelt zum Alltag in der Stadt.

Die **Casa del Menandro** 23, eine Villa in erstklassiger Wohnlage, zählt zu den größten Pompejis (1800 m²) und ist typisch für ein Haus der Führungsschicht. Das Anwesen war im Besitz der Poppaei, Verwandten der Poppea, Neros zweiter Frau. In einer Nische am Ende des Peristyls ist der griechische Dichter Menandros zu sehen.

Das Mittagessen nahmen die Pompejier für gewöhnlich in einem der zahlreichen Thermopolien, wie jenem von **Vetutius Placidus** 24. Die meisten aßen im Stehen an der Theke, in die Tongefäße

S
SCARPE

Zu Deutsch: **Schuhe!** Und zwar am besten feste und bequeme Schuhe brauchen Sie für den Besuch der Ausgrabungen Pompejis. Denn fünf bis sechs Stunden sollten Sie mindestens dafür einplanen – Sie gehen dabei auf holprigen und staubigen Steinquadern, die 2000 Jahre Geschichte hinter sich haben. Da könnten Eitelkeiten in Sachen Schuhwerk leicht zur Stolperfalle werden.

für das Angebot an warmen und kalten Speisen eingelassen waren.

Zur Luxuskategorie gehörte das Haus des Anwärters auf das höchste politische Amt der Stadt, die **Domus di Giulio Polibio** 25. Der Hausherr hatte genug Geld, um sich alle Annehmlichkeiten der pompejischen Wohnkultur zu gönnen. Den Speisesaal schmückte ein Wandgemälde, das die tragische Geschichte der Dirke wie ein Comic erzählt. Das Haus ist multimedial erschlossen: Hologramme der ehemaligen Besitzer führen die Besucher auf einem ›didaktischen Parcours‹ durch die Villa. Eine ähnliche Führung ist auch im Nachbarhaus, der **Casa dei Casti amanti** 26 möglich.

Das Fresko der Venus in der Muschel (Rekonstruktion) zieht in der **Casa della Venere in conchiglia** 27 sofort alle Blicke auf sich. Octavius Quartius, Besitzer der **Casa di Loreiro Tiburtino** 28, ließ sein Haus nach dem Erdbeben von 62 n. Chr. grundlegend umgestalten: Ein Garten mit Wasserspielen, künstlichen Grotten und Speiseplätzen im Freien wurde angelegt. Einen Raum widmete er dem Isis-Kult.

Häuser mit Nutzgärten

In der **Casa della nave Europa** 29 bauten die Besitzer Wein und Obst an. Das Dach des Hauses ist originalgetreu rekonstruiert. Seinen Namen erhielt das Haus vom Graffito eines Lastschiffs mit der Aufschrift »Europa«. Im Bereich westlich der Palästra standen sehr einfache Häuser mit großen Nutzgärten. In der **Casa del Giardino di Ercole** 30 wurde die antike Bepflanzung mit Rosen, Myrten und Olivenbäumen rekonstruiert. Der Besitzer dieses Hauses war Parfumeur, der auch Olivenöl produzierte, das er als Träger- und Konservierungsmittel für die Duftstoffe benötigte.

Amphitheater und Umgebung

Das **Anfiteatro** 31 liegt am südlichen Ende der Via dell'Abbondanza, in der Nähe der antiken Stadtmauern. Um 70 v. Chr. erbaut, ist es das älteste erhaltene römische Amphitheater. Auf den 20 000 Plätzen (Pompeji hatte nur 15 000 Einwohner) versammelten sich auch Zuschauer aus den umliegenden Ortschaften zu den Gladiatorenkämpfen. Neben dem Amphitheater liegt der städtische Sportplatz, die **Palestra** 32.

▸ ANTIKE BAUKUNST

Atrium: offener Innenhof der Häuser, Einlass für Licht und Regenwasser

Cubiculum: Schlaf- und Ruhezimmer, meist ans Atrium angrenzend

Impluvium: Becken im Atrium oder Peristyl, um Regenwasser zu sammeln

Lararium: Hausaltar

Peristyl: Säulenhalle oder -gang um einen begrünten Innenhof oder Garten; ab dem 2. Jh. v. Chr. verlagerte sich der Hausmittelpunkt vom Atrium ins Peristyl

Tablinum: repräsentativer Raum des Hausherrn, vergleichbar mit einem Büro oder Empfangszimmer

Triclinium: Speisesaal für Gäste, der häufig an das Peristyl grenzte; Festessen fanden auch im Freien statt, im Sommer-Triclinium

Pompeji: an der Via della Fortuna

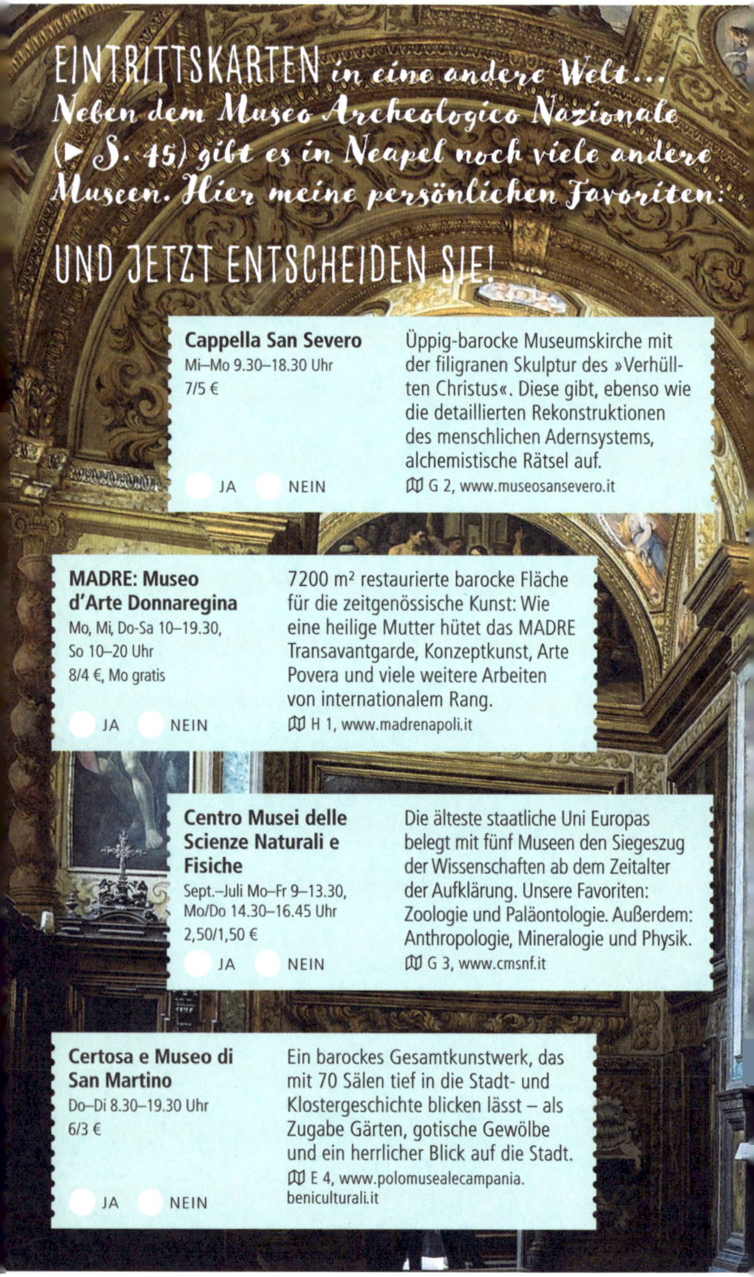

EINTRITTSKARTEN *in eine andere Welt ...*

Neben dem Museo Archeologico Nazionale (▶ S. 45) gibt es in Neapel noch viele andere Museen. Hier meine persönlichen Favoriten:

UND JETZT ENTSCHEIDEN SIE!

Cappella San Severo
Mi–Mo 9.30–18.30 Uhr
7/5 €

Üppig-barocke Museumskirche mit der filigranen Skulptur des »Verhüllten Christus«. Diese gibt, ebenso wie die detaillierten Rekonstruktionen des menschlichen Adernsystems, alchemistische Rätsel auf.

◯ JA ◯ NEIN

🕮 G 2, www.museosansevero.it

MADRE: Museo d'Arte Donnaregina
Mo, Mi, Do-Sa 10–19.30, So 10–20 Uhr
8/4 €, Mo gratis

7200 m² restaurierte barocke Fläche für die zeitgenössische Kunst: Wie eine heilige Mutter hütet das MADRE Transavantgarde, Konzeptkunst, Arte Povera und viele weitere Arbeiten von internationalem Rang.

◯ JA ◯ NEIN

🕮 H 1, www.madrenapoli.it

Centro Musei delle Scienze Naturali e Fisiche
Sept.–Juli Mo–Fr 9–13.30, Mo/Do 14.30–16.45 Uhr
2,50/1,50 €

Die älteste staatliche Uni Europas belegt mit fünf Museen den Siegeszug der Wissenschaften ab dem Zeitalter der Aufklärung. Unsere Favoriten: Zoologie und Paläontologie. Außerdem: Anthropologie, Mineralogie und Physik.

◯ JA ◯ NEIN

🕮 G 3, www.cmsnf.it

Certosa e Museo di San Martino
Do–Di 8.30–19.30 Uhr
6/3 €

Ein barockes Gesamtkunstwerk, das mit 70 Sälen tief in die Stadt- und Klostergeschichte blicken lässt – als Zugabe Gärten, gotische Gewölbe und ein herrlicher Blick auf die Stadt.

🕮 E 4, www.polomusealecampania.beniculturali.it

◯ JA ◯ NEIN

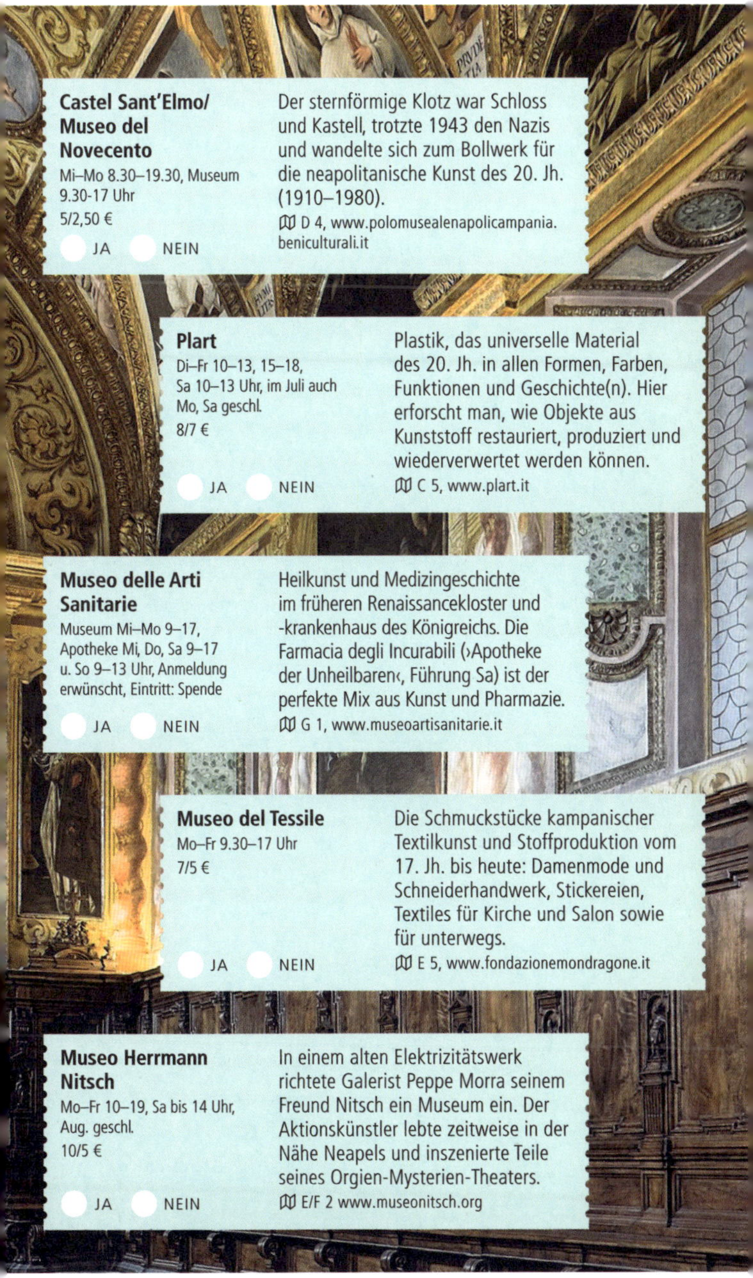

Castel Sant'Elmo/ Museo del Novecento
Mi–Mo 8.30–19.30, Museum 9.30-17 Uhr
5/2,50 €
○ JA ○ NEIN

Der sternförmige Klotz war Schloss und Kastell, trotzte 1943 den Nazis und wandelte sich zum Bollwerk für die neapolitanische Kunst des 20. Jh. (1910–1980).
🕮 D 4, www.polomusealenapolicampania.beniculturali.it

Plart
Di–Fr 10–13, 15–18, Sa 10–13 Uhr, im Juli auch Mo, Sa geschl.
8/7 €
○ JA ○ NEIN

Plastik, das universelle Material des 20. Jh. in allen Formen, Farben, Funktionen und Geschichte(n). Hier erforscht man, wie Objekte aus Kunststoff restauriert, produziert und wiederverwertet werden können.
🕮 C 5, www.plart.it

Museo delle Arti Sanitarie
Museum Mi–Mo 9–17, Apotheke Mi, Do, Sa 9–17 u. So 9–13 Uhr, Anmeldung erwünscht, Eintritt: Spende
○ JA ○ NEIN

Heilkunst und Medizingeschichte im früheren Renaissancekloster und -krankenhaus des Königreichs. Die Farmacia degli Incurabili (›Apotheke der Unheilbaren‹, Führung Sa) ist der perfekte Mix aus Kunst und Pharmazie.
🕮 G 1, www.museoartisanitarie.it

Museo del Tessile
Mo–Fr 9.30–17 Uhr
7/5 €
○ JA ○ NEIN

Die Schmuckstücke kampanischer Textilkunst und Stoffproduktion vom 17. Jh. bis heute: Damenmode und Schneiderhandwerk, Stickereien, Textiles für Kirche und Salon sowie für unterwegs.
🕮 E 5, www.fondazionemondragone.it

Museo Herrmann Nitsch
Mo–Fr 10–19, Sa bis 14 Uhr, Aug. geschl.
10/5 €
○ JA ○ NEIN

In einem alten Elektrizitätswerk richtete Galerist Peppe Morra seinem Freund Nitsch ein Museum ein. Der Aktionskünstler lebte zeitweise in der Nähe Neapels und inszenierte Teile seines Orgien-Mysterien-Theaters.
🕮 E/F 2 www.museonitsch.org

Neapels Museumslandschaft

Museum, Kloster, Kirche, Garten, Ausgrabungen und Palazzo – alles in einem? Bei 3000 Jahren Stadtgeschichte verschwimmen die Trennlinien zwischen architektonischer Hülle und musealem Inhalt und ergeben reizvolle Kontraste quer durch alle Epochen: Zeitgenössische Kunst wohnt in Neapel in barocken Palazzi – z. B. im PAN (D 5) oder MADRE (H 1). Kirchen sind Ausgrabungsorte, Gemäldegalerien und Schatzkammern und das Archäologische Nationalmuseum (F 1) – eines der Top 20 in Italien – stellt regelmäßig aktuelle Kunst aus. Darüber hinaus gibt es weitere vier Nationalmuseen (Capodimonte, San Martino, Palazzo Reale, Museo della Ceramica) und die gesamte Altstadt zählt zum UNESCO-Welterbe. Im 21. Jh. kann sich Neapel als Kunst- und Kulturstadt weiterhin behaupten: Die zeitgenössische Kunst erobert neue Räume und steigt sogar hinab in die Metro.

PRAKTISCHE TIPPS

Tickets: Viele Einrichtungen gewähren gegen Vorlage des Ausweises gratis Eintritt bis 18 Jahren, den halben Preis für 18- bis 25-Jährige; voller Preis gilt für alle anderen. Bei Sonderschauen erhöht sich der reguläre Eintritt. Frei für alle ist der Besuch in staatlichen Kultureinrichtungen jeweils am 1. So des Monats (**Artecard:** Mit der **Napoli City Card** (3 Tage 21 €, erm. 12 €) ist der Besuch der ersten drei staatlichen Einrichtungen gratis, alle weiteren sind um 50 % ermäßigt, Rabatte auch in privaten Museen. Der Nahverkehr im Stadtbereich ist kostenfrei. Für die Museen MANN und Capodimonte gibt es eine gesonderte Artecard, inklusive Katakomben von S. Gennaro und Shuttle-Bus zwischen den Museen (www.campaniartecard.it, T 06 39 96 76 50, Verkauf online, in den Museen, am Bahnhof am Info-Stand Artecard).
Weitere Infos: Einlass in die Museen ist bis 60–90 Min. vor Schließung. Große Häuser bieten Audioguides an, plus Caféteria und Bookshop. Capodimonte, San Martino und das MANN öffnen manche Abteilungen nur zu bestimmten Zeiten und Tagen. Kartenreservierung für zzgl. 1,50–2 € bei www.coopculture.it.

Plastik ist ART: Das Plart widmet sich dem Liebling des 20. Jh.

Auf der Bühne des Lebens

Musik und Theater sind in Neapel allgegenwärtige Kunstformen und ziehen sich durch alle Lebensbereiche. Schauen Sie mal einer Hausfrau dabei zu, wie sie im Jogginganzug und mit Zigarette im Mund die Treppe kehrt... Das Leben ist eine Bühne, auf der das Dasein in Szene gesetzt wird – mal dramatisch, mal mit Humor und Selbstironie. Demütig unterworfen haben sich die Neapolitaner ihrem Schicksal – oder ihren Herrschern – nie.

Flussgott für Migranten

Piazzetta Nilo/Largo Corpo di Napoli Karte 2, G 2/3

Wo die Piazzetta Nilo aufhört und der Largo Corpo di Napoli beginnt, ist im Trubel der Spaccanapoli kaum auszumachen. Deutlich sichtbar ist jedoch der bärtige Mann aus Marmor auf seinem steinernen Sockel. Er stellt den Flussgott Nil dar und das macht ihn so besonders. Als alexandrinische Händler sich hier vor zwei Jahrtausenden niederließen, wurde ihre Siedlung Nil-Kolonie genannt. In Erinnerung an ihre ferne Heimat errichteten sie das Denkmal des bärtigen Gottes mit Füllhorn, Sphinx und den Füßen auf einem Krokodilskopf. Für uns ist der Nil das Wahrzeichen einer Stadt, die seit ihrer Gründung ein Schmelztiegel ist für Menschen, die gekommen sind, um hier ein neues Leben zu finden. So wie manch fliegender Händler am Fuße der Statue.

Metro: Dante

Tempel für SSC-Fans

Bar Nilo Karte 2, G 2

Gegenüber der Nil-Skulptur haben die Brüder Bruno und Paolo in ihrer Bar dem legendären Fußballer Diego Armando Maradona in Form eines Schreins ein Denkmal gesetzt, mit echtem Autogramm und noch echterem Fußballerhaar, das ihr Vater Antonio ihm einst ausriss, als Maradona noch der Star des SSC Napoli und Gast in der Nilbar war.

Bar Nilo, ► S. 91

Bühne frei für die Zukunft

Piazza Municipio F/G 4/5

Sie wird das neue architektonische Aushängeschild des zeitgenössischen Neapels: Eine Fußgängerzone zum Meer, welche die verschiedenen Bauepochen ringsum harmonisch zur Geltung bringt: Vom Rathaus im Hintergrund, dem Palazzo San Giacomo mit seinem Neptunsbrunnen, geht es 500 m weit über eine Panoramaallee bis zur Stazione Marittima in den Hafen. Zunächst aber müssen die Kräne und Baugruben verschwinden und alle Reste des antiken römischen Hafens, die beim Metrobau Municipio zum Vorschein kamen, geborgen werden. Die U-Bahn-Station mit Halt Municipio, jedenfalls ist schon in Betrieb.

Eine Straßenecke weiter wird Pino Daniele im **Museo Mediterraneo (MAMT)** eine multimediale Dauerausstellung gewidmet. Der Tod des Musikers stürzte im Januar 2015 die Stadt in einen kollektiven Schock. Mehr als 100 000 Fans verabschiedeten sich von ihm mit einer Trauerfeier auf der Piazza Plebiscito. Wie kaum ein anderer drückte Daniele in seinen Liedern das Wesen und die Gefühle der Menschen in Neapel aus.

›Pino Daniele Alive‹/Museo della Pace, Via Depretis 130, unter T 081 552 30 33

Tragische Liebe

Castel Nuovo G 5

Auf der anderen Seite der Piazza lockert nur das marmorne Renaissancerelief über dem Eingangstor die ganze Wucht der Bilderbuchburg Maschio Angioino (offziell Castel Nuovo genannt) auf. Anjoukönig Alfons I. ließ in dem dargestellten Triumphzug seine große Liebe, Lucrezia d'Alagno, beiläufig verewigen. Als die beiden sich 1448 kennenlernten, war Lucrezia 18, Alfons 58 Jahre alt. Das Paar – so die Geschichte – lebte eine platonische, aber öffentlich bekannte Freundschaft, da der Vatikan sich weigerte, Alfons längst gescheiterte Ehe offiziell zu beenden.

Piazza Municipio, M: Toledo, Municipio, Mo–Sa 9–19 Uhr, Eintritt inkl. Museum und Capella Palatina 6/3 €

Meeresrauschen

Lungomare 🕮 A–F 6/7

Jahrzehntelang von Blechlawinen und Abgaswolken malträtiert, ist der Lungomare von der Villa Comunale bis über das Castel dell'Ovo hinaus seit 2014 Fußgängerzone und einer der schönsten und längsten Schauplätze zum Sehen und Gesehen werden.

Via Caracciolo, Via Partenope, Bus: 140, M: Mergellina

Am Ende der Via Partenope stellt die **Fontana dell'Immacolatella** auf beeindruckende Weise maritime Fabelwesen gemeinsam mit den Insignien der Macht dar. Neapels barocke Monumentalbrunnen erfüllten zwei Aufgaben: Sie versorgten die Bevölkerung zum einen mit Trinkwasser und waren zum anderen die großzügige Visitenkarte des Herrscherhauses, das gerade den Thron der Stadt innehatte.

Via Partenope/Via S. Sauro

Vertikaler Laufsteg

Fast 200 Freitreppen ziehen sich als senkrechtes Wegenetz die Hügel Neapels hinauf und zeigen eine unbekannte Seite der Stadt, die sogar Einheimische kaum interessiert: zu unbequem, zu anstrengend. Dabei sind Sie hier mitten auf der Bühne von reichen und armen Vierteln, können unbekannte Kulissen, Hinterhöfe und Gärten entdecken und haben beste Sicht auf das große Naturschauspiel, das der Golf von Neapel bietet. Wir haben drei der schönsten Treppenwege für Sie ausgewählt:

Infos: www.scaledinapoli.com.

Pedamentina di San Martino 🕮 E 3

Ursprünglich als Versorgungsader für den Bau von Kastell und Kloster auf dem Hügel San Martino geplant, wurde der Pfad im 14. Jh. zur Treppe ausgebaut. Mehr als 400 Stufen sind es allein bis zum Corso V. Emanuele, dann geht's über die Treppen von Montesanto bis ins Zentrum hinab. Verlauf: Piazzale San Martino, Pedamentina di San Martino, Scale di Montesanto bis Via Pignasecca, ca 1,5 km.

Petraio 🕮 D 4/5

Verlauf: Salita Petraio, Largo Petraio bis Corso V. Emanuele, 1,2 km vom Vomero nach Chiaia

Moiariello (ab Capodimonte)

🕮 Karte 3

Verlauf: Reggia di Capodimonte, Via Sant'Antonio a Capodimonte (gegenüber Porta Grande), Via Moiariello, Salita Montagnola, Via Giuseppe Piazzi bis Via Foria, 1,5 km durch die Sanità.

Geisterstunde

Palazzo di Donn'Anna

🕮 südwestl. A 8

Direkt am Meer liegt der imposante, unvollendete Bau aus dem frühen 14. Jh. Sein Name geht auf Donna Anna Carafa zurück, die ihn Mitte des 17. Jh. sanieren ließ. Wie die Muscheln an seinem Fundament setzte sich im Laufe der Zeit durch diverse Gespenstergeschichten in der Palazzo-Kulisse ein Hauch von ›sex and crime‹ fest: etwa jene von zwei Brüdern, die sich in dasselbe Mädchen verliebten. Als dieses sich zu Karneval für einen entschieden hatte, wollte der Auserwählte sie mit dem Boot zur Hochzeit entführen. Das sah sein Bruder, der zuerst den Entführer tötete und dann, als er ihn ohne Maske erkannte, sich selbst. Das junge Mädchen wurde Nonne. Und noch heute sieht manch einer vor dem Palazzo ein Gespensterboot herumschippern ...

Largo Donn'Anna (Beginn Via Posillipo), Mergellina, M: Mergellina

Seelenheil – oben und unten

Neapel gilt als Stadt der 500 Kuppeln. Nur in Rom stehen mehr Kirchen. Trotz klerikaler Dominanz leben in Neapel Glaubensformen und Rituale fort, die mit dem Dogma der Kirche wenig zu tun haben. Geronnenes Blut verflüssigt sich, die Madonna ist beste Freundin oder antike Fruchtbarkeitsgöttin und Totenschädel werden zu Verbündeten.

Raus aus dem Fegefeuer

Santa Maria del Purgatorio ad Arco Karte 2, G 2

Die Krypta der Barockkirche ist einer der wenigen Orte, an dem der traditionelle Totenkult Neapels noch nicht ganz ausgestorben ist. Trotz Verbots bleibt das Ritual lebendig, anonyme Totenschädel zu ›adoptieren‹, um einer unbekannt verstorbenen Seele aus dem Fegefeuer ins Paradies zu helfen – und, um im Gegenzug diese um Lebenshilfe zu bitten.

Via dei Tribunali, T 081 44 04 38, www.purgatorioadarco.it, M: Dante, Mo–Fr 10–14, Sa 10–17 Uhr, Eintritt mit Führung 6/4 €

Stadtpatron

Duomo di San Gennaro H 2

Mehr als 1000 Jahre dauerte es, bis die Reliquien des im Jahr 305 geköpften Märtyrers Januarius ihre Ruhestätte fanden. 1315 wurde der Dom geweiht, der mit der ältesten Kirche Neapels, der Basilika Santa Restituta, eine Einheit bildet. In der Schatzkapelle: Ampullen mit seinem Blut, das sich jeweils zu den Prozessionsterminen auf wunderbare Weise verflüssigt. Im Untergeschoss liegen die Reste des antiken Neapolis (zzt. geschl.).

Via Duomo 147, Mo–Sa 8–12.30, 16.30–19 Uhr, So 8–13.30, 16.30–19.30 Uhr, M: Cavour

Nebenan werden die Schätze rund um den Stadtheiligen aufbewahrt: Museo del Tesoro di San Gennaro, www.museosangennaro.it, Mo–Fr 9–16.30, Sa u. So bis 17.30 Uhr, 6 €

Seelen-Talk

Catacombe di San Gennaro nördlich F 1

In den weitläufigen Katakomben begruben die ersten Christen heimlich ihre Toten und richteten dort im 5. Jh. eine Höhlenkirche ein. Dieses unterirdische Reich ist in Neapel Begegnungstätte mit den Seelen der (geliebten) Toten. Der Dialog mit ihnen gehört zum Alltag.

Basilica del Buon Consiglio, Via di Capodimonte 13, T 081 17 44 37 14, www.catacombedinapoli.it, Bus: 178, 168, Mo–Sa 10–17, So 10–13 Uhr, 8 €

Pesttote

Cimitero della Fontanelle nördlich E 1

Nach der Pestepidemie von 1654, bei der 250 000 der 400 000 Einwohner starben, wurde die Höhle im Tuffgestein in ein städtisches Gebeinhaus verwandelt und Schädel auf Schädel gestapelt. Nach dieser Katastrophe entwickelten die Neapolitaner ihren Totenkult, einen nicht würdevoll begrabenen Schädel zu ›adoptieren‹.

Via Fontanelle 80, tgl. 10–17 Uhr, M: Materdei, Eintritt frei

Schön wie die Sixtinische Kapelle

Sant'Anna dei Lombardi F 3

Der kunstbeflissene Olivetaner-Orden gönnte sich in seinem riesenhaften Klosterkomplex das Paradies auf Erden. Maler Giorgio Vasari wurde engagiert, um 1544 einen rätselhaften, aber himmlisch schönen Freskenzyklus in der Sakristei zu schaffen: Fabelwesen, Tiere und Sternzeichen verkörpern Religion und Ewigkeit. Ebenso ergreifend ist die Skulpturengruppe von Guido Mazzoni (1492): Acht biblische Figuren betrauern den toten Christus in theatralischer Verzweiflung.

Via Monteoliveto, Mo–Fr 9–13, 16–18, So 9–12 Uhr, M: Toledo, Dante

Pause. Einfach mal abschalten

Wenn die Straßen überquellen, die Museen zu herrschaftlich und die Mopedhupen zu laut werden, dann ist Zeit zur Entspannung: Der Park von Capodimonte, die Villa Comunale und Villa Floridiana sind vom Ortszentrum schnell erreicht. Besonders reizvoll sind die Pausen dort, wo frisches Grün auf blaues Meerespanorama trifft. Etwa auf dem Hügel Posillipo – Neapels Antwort auf ›schöner Wohnen‹ seit der Antike.

Artenvielfalt

Orto Botanico nördl. H 1

Joseph Bonaparte ließ den Botanischen Garten 1807 zu Forschungszwecken als ›Königlichen Garten der Gewächse‹ anlegen. 12 ha Fläche sind aufgeteilt in Klimazonen und Lebensräume mit Wüstenpflanzen, Kakteen, Farngewächsen, Macchia und Pinien sowie einer duftenden Sammlung von Zitrusbäumen.

Via Foria 223, T 081 253 39 37, www.ortobotanico.unina.it, M: Cavour, Bus: 201, Mo, Mi, Fr 9–14, Di, Do 9–16 Uhr, Eintritt frei nach Anmeldung: Kurzer Anruf am Besuchstag genügt! Mitte April–Mitte Juni Mi u. Do ohne Anmeldung.

Zum Lustwandeln

Villa Floridiana C 4/5

Ein Park als Geschenk für seine nicht standesgemäße zweite Ehefrau – König Ferdinand war spendabel und verbrachte hier manch laue Sommernacht mit ihr. Die verschlungenen Wege führen zu einem herrlichen Ausblick über den Golf. Ach, und wenn Sie schon mal lustwandeln: Das **Museo Duca di Martina** für Porzellan-, Keramik- und Emaillekunst liegt mitten im Park.

Eingang zur Unterwelt? Die Solfatara

Via D. Cimarosa 77, Funicolari: Centrale, Chiaia, Montesanto, M: Vanvitelli, Park: 8.30 Uhr–1 Std. vor Sonnenuntergang, So 8.30–14 Uhr (keine Hunde und Fahrräder), Eintritt frei, Museum: T 081 578 17 76, www.polomusealecampania.beniculturali.it, Mi–Mo 8.30–19 Uhr, 4/2 €, Führungen gratis

Unterwasserpark

Parco Sommerso di Gaiola
Karte 6

Eine steiler Fußweg führt hinunter zu der kleinen – nach dem vorgelagerten Inselchen benannten – Bucht aus Tuffstein. Mit Anlegesteg (zum Sonnen), Kieselstrand und klarem Wasser ist alles Nötige für ein Bad vorhanden, denn Flora, Fauna und versunkene antike Ruinen stehen hier in einem Meerespark unter Naturschutz.

Discesa Gaiola, Posillipo, Infos zu Bootstouren und Ruinen im Besucherzentrum, T 081 240 32 35, www.areamarinaprotettagaiola.it, Bus: 140 bis Discesa Coroglio, dann zu Fuß über Discesa Gaiola

Panoramaparadies

Parco Virgiliano Karte 6

Umgeben von Steineichen, Pinien und Olivenbäumen blicken Sie von Capo Posillipo – von West nach Ost – auf die

Klein, aber fein: die Isola di Nisida vom Capo Posillipo aus

Sorrentinische Halbinsel und Capri, den Vesuv, auf Neapels Zentrum, das Inselchen Nisida, den Golf von Pozzuoli mit dem Capo Miseno und auf Procida und Ischia. Wenn das nicht genug ist …

Viale Virgilio, Posillipo, Bus 140 bis Discesa Coroglio, tgl. ab 7 Uhr, 1. Mai–20. Juni bis 24 Uhr, 21. Juni–30. Sept. bis 1 Uhr, 1. Okt.–30. April bis 21 (Sa/So bis 22) Uhr

Wellen-Gang

Pontile Nord 🕮 Karte 6

Ganze 900 m ragt der ehemalige Verladepier der früheren Stahlwerke von Bagnoli auf das Meer hinaus und hat als moderne maritime Flaniermeile eine neue Bestimmung gefunden. Der Rest der Bucht ringsherum wartet noch auf seine Renaturierung.

Sbarcatoio Nisida, Bagnoli, Cumana: Bagnoli, tgl. 8 Uhr bis 1 Std. vor Sonnenuntergang

Chillen im Schwefeldampf

Solfatara 🕮 Karte 5

Der Kratervulkan mit einem Durchmesser von ca. 770 m befindet sich mitten in den ›brennenden Feldern‹, den Campi Flegrei (griech. *phlegraios*, ›brennend‹), einer geologischen Besonderheit westlich von Neapel. Früher galt die Solfatara als Eingang in die Unterwelt: Als würden in dieser Kratersenke die Mythen verheizt, so stinkt, qualmt und brodelt die Solfatara immer noch. Oberirdisch ist ein Rundweg vorbei an Schlammsee, Fumarolen und Macchia angelegt. Im Schwefeldampf können Sie entspannen und im heißen Boden mitgebrachte Brötchen überbacken.

Via Solfatara 161, Pozzuoli, T 081 526 23 41, www.vulcanosolfatara.it, M: Pozzuoli, tgl. 8.30–19, Nov.–März bis 16.30 Uhr, 7/5 €, im Sommer Sa Abendführungen mit geothermischem Kochen (15/6 €)

A AKTIV

Lust auf einen Perspektivenwechsel? Wenn Sie die spektakuläre **Küste vom Posillipo** aktiv erleben möchten, können Sie Villen, Buchten und Ruinen von der Meeresseite aus mit dem Kajak erkunden und diese von einem neuen und anderen Blickpunkt erleben: Touren bietet Kayak Napoli, Via Posillipo 68, T 331 987 42 71, www.kayaknapoli.com, Bus 140, Start ab Lido Rocce Verdi.

Barocke Nächte

Davon träumen andere Touristenziele: Die meisten Hotels und B&Bs Neapels sind in historischen Palazzi untergebracht. Denn die Bausubstanz der Kunst- und Kulturstadt stammt größtenteils aus dem Barock. Ganze Stadtviertel mit Hunderten von Palazzi entstanden in dieser Epoche, die heute das Fundament für die schönsten Unterkünfte bilden.
War bis vor wenigen Jahren die Ausstattung noch gerne klassisch neapolitanisch gehalten mit edlen Stoffen, antikem Mobiliar und Farben wie das pompejianische Rot, so setzen die Architekten mittlerweile auf die Betonung der Kontraste, den Mix der Epochen und Kulturen. Sie inszenieren zeitgenössische Kunst und Design im Dialog mit altem Gemäuer und traditioneller Handwerkskunst. Viele Besitzer von B&Bs sind selbst Architekten oder Künstler und stellen ihr kulturelles Erbe im Kontext neuer internationaler Trends dar – fast so, als stünden sie heimlich im Lifestyle-Wettbewerb miteinander.

Diese Strömung kreativer Energie schlägt immer mehr Wellen, sodass Art-Hotels in Neapel stetig zunehmen und auch gerne mal überbucht sind. Hinzu kommt bei fast allen ›Bettengebern‹ eine offene Gastfreundschaft und der Wille, ihre Stadt mit den Menschen dort vor den Augen der anderen fernab der gängigen Klischees zu verkörpern, welche wir hier nicht gebetsmühlenartig wiederholen wollen.

Barock ist Trumpf im Hotel San Francesco al Monte.

ZUM SELBST ENTDECKEN

Hochsaison
Während des Sommerurlaubs im Juli/August bekommt man in Italien am Meer kaum ein Zimmer. Das ist nicht auf die Städte übertragbar, für die ganz andere Zeiten relevant sind. Voll wird es in Neapel von Ende Nov. bis 6. Jan. (besonders an den Wochenenden), an Ostern und in der Zeit der Feiertage vom 25. April bis 1. Mai, um den 2. Juni und 1. Nov. Ergeben sich dann günstige Brückentage, sollten Sie sehr frühzeitig buchen. Eine internationale Hotelkette vor Ort kann ein Ausweg aus der Bettenlosigkeit sein: z. B. der Palazzo Caracciolo mit seinen modernen Zimmern und dem beeindruckenden Innenhof (Via Carbonara 112, T 081 016 01 11, www.accorhotels.com).

Ferienwohnungen:
www.it.halldis.com/appartamenti-napoli
www.homeaway.it
www.airbnb.de

Ich nehm' die Treppe

Palazzo Decumani Karte 2, H 2

Wenn Sie diese Treppe gesehen haben, möchten Sie nie wieder einen Aufzug nehmen. Wie schwebend schwingen sich die Stufen durch den Hotel-Palazzo (in Neapels Altstadt eine Seltenheit wegen der vielen Etagenhotels) und verbinden das gut 100-jährige Gebäude mit der elegant-verspielten und zeitgenössischen Inneneinrichtung. Service für Anspruchsvolle und sehr komfortables Ambiente.

Via Grande Archivio 8, T 081 420 13 79, www.palazzodecumani.com, M: Cavour, DZ 100–200 €

Lebens-Kunst

Tribù Karte 2, G 2

In Neapels antiker Mitte leiten und leben Alessandra und Gaetano auf der Beletage des imposanten Palazzo d'Angiò stilsicher und mit reichlich Erfahrung ihren B&B mit integriertem Kunstatelier (Workshops). Alessandras Arbeiten sind Teil der Einrichtung. Das künstlerisch-persönliche Ambiente setzt – unter Verwendung ökologischer Materialien – einen beruhigenden Kontrapunkt zur überschäumenden Lebendigkeit der Stadt. Morgens neapolitanisches Wohlfühl-Frühstück teils mit eigenen Produkten – noch ein Grund mehr zur Wiederkehr. Nur 200 m entfernt liegt das Aleph Design-Apartment: Die 3-Zimmer-Module können einzeln (2–5 Pers.) oder zusammen gebucht werden, www.alephnaples.com.

Via dei Tribunali 339, T 081 45 47 93 und T 338 409 91 73, www.tribunapoli.com, M: Dante/Cavour, DZ 80–120 €

Kardinalsgeprüfte Eleganz

Decumani Hotel de Charme

Karte 2, G 3

Hätte der Kardinal Riario Sforza vor Jahrhunderten gewusst, dass seine Privatgemächer einmal an Reisende vermietet werden würden, er hätte – zugestimmt: Komfort und Wellness, Service und Stil zu angemessenen Preisen. Dass es den Betreibern ums Wohlbefinden der Gäste geht, merkt man auch an einer erfreulichen Kleinigkeit: Die Preise der Minibar im Zimmer unterscheiden sich kaum von denen im Lebensmittelladen. Lassen Sie sich nicht abschrecken vom etwas verrucht erscheinenden Ambiente – im Hotel sind Sie gut aufgehoben.

Via San Giovanni Maggiore Pignatelli 15, T 081 551 81 88, www.decumani.com, M: Dante, DZ ab 99 €

Von Architektenhand

DiLetto a Napoli Karte 2, H 2

Eins schöner als das andere – so lassen sich die insgesamt sechs B&Bs von Silvana und Raffaele Festa in der Altstadt beschreiben. Das Konzept: die Stimmung der Gassen, der alten Gebäude und der Stadt in den Wohnungen einzufangen. Allen Räumen merkt man an, dass hier Architekten wohlüberlegt Wohnraum neu gestalten, damit Gäste Neapel mit Freude erleben. Die Besitzer unterstützen das fremde Wohlbefinden mit hausgemachten Bio-Marmeladen und individuellem Ansprechparter (Tipps zu Aktivitäten und Kulturprogramm). Das Frühstück – zur Selbstbedienung – steht morgens bereit, die Küchennutzung ist immer möglich. Die Casa Latina ist ein Schmuckstück in sanften Farben und mediterranen Anspielungen. Die weiteren B&Bs: Schiara, Casa Latina und La Dimora dei Giganti in der Nähe von Via Tribunali und Spaccanapoli, Cerasiello Nähe Piazza Cavour, Sui Tetti di Napoli Nähe Via Toledo.

Vico Sedil Capuano 16, T 338 926 44 53 und T 081 033 09 77, www.dilettoanapoli.it, www.maisonsdecharme.it, M: Dante, Cavour, DZ 70–90 €

Klassischer Hof, innovatives Design

Piazza Bellini Karte 2, F 2

Eines der gelungensten Beispiele, wie ein Palazzo aus dem 16. Jh. in eine höchst moderne und originelle Unterkunft verwandelt wurde, deren Zimmer ein beeindruckendes Beispiel für die positive Hotel-Entwicklung der Stadt sind. Idealer Standort für Altstadtliebhaber, perfekter Service, auch Apartments!

Via Santa Maria di Costantinopoli 101, T 081 45 17 32, www.hotelpiazzabellini.com, M: Dante/Museo, DZ ab 90 €

Hausmütterlich

Miraglia Karte 2, G 2

Von ihrer Wohnküche aus leitet Signora Forte ihre familiäre Pension. Dass ihre acht sehr schlichten Zimmer im 2. Stock (Treppenaufgang im Hof rechts) nicht trendy aussehen, steckt die matronenhafte Signora lässig weg. Sie ist nämlich ein neapolitanisches Original! Einfaches Frühstück auf Wunsch für 5 €/Pers.

Piazza Luigi Miraglia 386, T 081 45 53 82, www.bedandbreakfastmiraglianapoli.it, M: Dante, DZ 40 €

Für Altstadt-Entdecker

Maison Degas Karte 2, F 3

Das kleine Etagenhotel befindet sich in dem imposanten Palazzo Pignatelli di Monteleone, der ein geschichtenreiches Nationaldenkmal ist. Wo einst Degas lebte, erinnern Bilder in den Zimmern an den französischen Maler. In der herzlichen Atmosphäre einer familiären Pension sind Emanuela und Francesco mit ihrem Team immer für ihre Gäste da und servieren das reichhaltige Frühstück mit neapolitanischen Spezialitäten oft selbst.

Calata Trinità Maggiore 53, T 081 060 79 48, www.maisondegas.it, M: Dante, DZ 75–90 €

Kunst und Tuff

Correra241 Karte 2, F 2

Neapels erstes Kunsthotel glänzt nicht nur mit schickem Interieur, sondern fasziniert auch mit alten Wänden aus Tuffstein, die ins Ambiente integriert wurden und u. a. vermutlich Teile der antiken Stadtmauern waren. Dachterrasse, souveräner Service, Familienzimmer.

Via F. S. Correra 241, T 081 19 56 28 42, www.correra.it, M: Dante, DZ ab 85 €

Punktet mit Kunst: 241 Correra Hotel

Pure Herzlichkeit

Marì Maria Karte 2, F 3

Nahe der Schnittstelle von Spaccanapoli und Via Toledo umsorgen Maria und Enzo ihre Gäste liebevoll – kein Wunsch soll unerfüllt bleiben in ihrem B&B. Die drei Zimmer sind in Pastelltönen gehalten, Waschmaschinen- und Küchennutzung ist inklusive.

Vico San Nicola alla Carità 5, T 346 214 83 36, www.bbnapolimaria.com, M: Toledo, DZ 70–80 €

Engagiert und solidarisch

Casa del Monacone nördlich G 1

Der neapolitanische Designer Riccardo Dalisi verwandelte leerstehende Klosterräume (von S. Maria della Sanità) in ein fantasievolles Gästehaus mit sechs Zimmern, Küche, einem Gemeinschaftsraum und Terrasse: ›Willkommensprojekt‹ nennen die jungen Menschen der Kooperative La Paranza ihren B&B, der viel mehr ist als nur eine Unterkunft zum Wohlfühlen wie zu Hause. Für ein paar Tage werden Sie ein Teil des strukturschwachen, faszinierenden Viertels Sanità, in dem La Paranza auch Führungen über die ›Miglio Sacro‹ (Heilige Meile) organisiert.

Via Sanita 124, T 081 744 37 14 und T 366 462 1088, www.casadelmonacone.it, M: Cavour, Museo, DZ 60–90 €

Gastfreundschaft hoch zwei

Monteoliveto Karte 2, G 4

Machen Sie es sich bequem im B&B von Angela und Gigi unweit der Piazza del Gesù: klassisches Interieur, reichhaltiges Frühstück mit süßen Spezialitäten, familiärer Service, große Hilfsbereitschaft, und Haustiere sind auch erlaubt.

Via Donnalbina 56, T 339 453 1408, www.monteolivetobandb.com, M: Università, Toledo, DZ 79–90 €

Im Piazza Bellini trifft alte Schale auf einen modernen Kern.

Hotel-Tandem für Wählerische

Napolit'amo Hotel Principe/ Hotel Medina Karte 2, F 4

Sympathisches Wortspiel: Die Brüder Felice und Dario Napolitano veränderten ihren Nachnamen ein wenig – und schon hießen ihre Hotels ›Neapel, ich liebe dich‹. In bester Lage auf der Via Toledo haben sie in einer Etage eines alten Edelpalazzos 19 Zimmer renoviert und dort ein Restaurant eingerichtet. Im moderneren Medina – im Innern eines Palazzo aus dem 20. Jh. – setzen die beiden Brüder auf junges metropolitanes Design und Wohlfühl-Luxus.

Hotel Principe: Via Toledo 148, T 081 552 36 26
Hotel Medina: Via S. Tommaso d'Aquino 15, T 081 497 71 10, www.napolitamo.it, M: Toledo, DZ ab 70/90 €

Charmant und edel

Chiaja Hotel de Charme Karte 2, F 5

Pietro Fusellas Hotel im edlen Chiaia-Viertel liegt im ersten Stock eines alten Palazzos. Die Zimmer sind mit den Originalmöbeln des Marchese Lecaldano eingerichtet. Ganz nobel war das Treiben im Palazzo übrigens früher nicht: Adlige Herrn erfreuten sich mit leichten Mädchen, worauf die Zimmernamen noch anspielen. Mittlerweile ist der Service makellos – mit reichhaltigem neapolitanischem Frühstück. Weiterer Vorteil ist die gute Lage, von der aus die Stadt in alle Richtungen leicht zu erkunden ist.

Via Chiaia 216, T 081 41 55 55, www.chiaiahotel.com, M: Municipio, DZ ab 90 €

Frische Farben, frische Brise

Caracciolo 10 A 7

An Mergellinas Meerespromenade erfreut Emanuela Fonzone ihre Gäste mit ihrem hellen B&B mit fünf Räumen in poppig-bunten Farbakzenten (teils mit Meerblick).

Via Caracciolo 10, T 081 658 44 41, www.caracciolo10.it, M: Mergellina, Amedeo, Bus R7, DZ 85–120 €

Moderne Ruhezone

B&B dei Decumani Karte 2 H 2

In den mit viel Geschmack zeitgenössisch eingerichteten Zimmern finden Sie nach ausgiebigen Streifzügen durch die turbulente Stadt wohltuende Entspannung. Klare Farben und Formen beruhigen die Sinne.

Via Duomo 187, T 081 440648, www.deidecumani.it, M: Cavour, DZ ab 70 €

Pasta macht Leute

Am liebsten soll es wie bei ›Mamma‹ oder wie ›zu Hause‹ schmecken. Neapolitaner essen traditionsreich, oft auch kritisch und bewusst. Frauen und Mütter gaben über Jahrhunderte die Kochkultur weiter, wobei es meist darum ging, aus wenigen einfachen Zutaten köstliche Speisen zu zaubern.

Dass dies gelingt, liegt nicht zuletzt an der Qualität der Grundzutaten. Die fruchtbare Vulkanerde rings um die Stadt ist ein idealer Boden für den Gemüseanbau, den die Araber im frühen Mittelalter am Vesuv einführten. Angeblich importierten sie auch die Pasta via Sizilien. Seitdem ist die Nudel aus Hartweizengrieß die unangefochtene Herrscherin in Neapels Küchen, die mit ein wenig Beiwerk aus Gemüse, Fisch, Meeresfrüchten oder Fleisch königliche Auftritte feiert. Bevor die Pasta ihren Siegeszug antrat, gehörten Hülsenfrüchte und Blattgemüse zu den festen Bestandteilen des Speiseplans. Besonders die Armen konnten sich weder Fleisch noch Fisch leisten. Somit war Neapels und Kampaniens Küche schon regional und oft auch vegetarisch, lange bevor bio und vegan im Trend lagen.

Langsam jedoch breiten sich auch in Neapel die aktuellen Ernährungsströmungen aus. Smoothies, üppige Salate und Eintöpfe aus Hülsenfrüchten sind angesagt – und dabei doch nichts anderes als eine Art Rückkehr des Alten unter veränderten Vorzeichen. Wenn Sie genau hinschauen und -schmecken, werden Sie eine enorme Artenvielfalt an Agrarprodukten und einen gewaltigen Rezeptreichtum entdecken. Allein das ist schon eine faszinierende Leistung.

Ein Himmelreich für einen Teller Nudeln

ZUM SELBST ENTDECKEN

Die **Pignasecca** (🕮 F 3): Neben Marktständen und Lebensmittellädchen, die auch Panini mit frischem Büffelmozzarella zubereiten, finden Sie hier in den Gassen zwischen der Via Portamedina und der Piazza Carità kleine Garküchen, Pizzerien und Osterien, welche die günstige *Cucina casareccia* (›wie zu Hause‹) anbieten. Sogar eine Tripperia ist dabei – jene traditionsreiche Imbissstube, die Kutteln servieren.

Maronen: Zur Weihnachtszeit gibt es schräg gegenüber von San Lorenzo auf der Via dei Tribunali geröstete Esskastanien aus der kampanischen Provinz Avellino. Diese Maronen zählen zu den besten Italiens.

SO BEGINNT EIN GUTER TAG IN NEAPEL

Unschlag-Bar

Bar Nilo Karte 2, G 2

Bruno leitet die kleine, alteingesessene Kaffeebar gegenüber der Nil-Skulptur. Die *baristi* zapfen seidig-starken *caffè*, der für vertraute Kundengesichter von ihnen selbst gesüßt wird. Für alle anderen legen sie die Zuckertütchen bereit. Eiliges Hin und Her der *garzoni*, der Kaffee-Laufburschen, welche die umliegenden Geschäfte mit Espresso versorgen. Wenn Sie den Maradona-Altar fotografieren möchten, sollten Sie höflicherweise anschließend auch einen *caffè* probieren.

Via S. Biagio dei Librai 130, M: Dante, Mo–Sa 7–20.30, So 7.30–ca. 16 Uhr

Süßer Kult

Scaturchio Karte 2, G 3

»*Sfogliatelle* für alle« muss das Ziel von Giovanni Scaturchio gewesen sein, als er 1905 sein Café eröffnete und den Inbegriff der süßen Verführung als Erster in großem Stil herstellte. Mittags gibt es im Teeraum auch warmes Essen.

Piazza San Domenico Maggiore 19, T 081 551 70 31, www.scaturchio.it, M: Dante, tgl. 7.20–20.40 Uhr

Schaumschläger

Bar Mexico Karte 2, F 2

Die Mischungen der Passalacqua-Rösterei gehören zur Mexico-Bar wie die *crema* auf einen hervorragenden Espresso. Die Sorte Harem wird aus 100 % Arabica-Bohnen hergestellt. Außer Kaffee gibt es im Sommer auch erfrischenden kalten Tee und Mandelmilch. Weitere Mexico-Bars am Bahnhof (Piazza Garibaldi 72) und auf dem Vomero (Via Scarlatti 69). Der Passalacqua-Kaffee wird auch in 250-g-Packungen für den Hausgebrauch verkauft (super als Mitbringsel).

Piazza Dante 86, T 081 549 93 30, M: Dante, Mo–Sa 7–20 Uhr

Kloster-Export

Leopoldo Infante Karte 2, G 3

Viele süße Spezialitäten Neapels entstanden während der Blütezeit des Barocks in den Klöstern. Die Nonnen – oft Töchter reicher Adeliger – waren Meisterinnen des Konditorenhandwerks und hielten ihre besten Rezepte streng unter Verschluss. Überzeugen Sie sich selbst von der süßen – und mittlerweile weltlichen – Verführungskraft der *sfogliatella*, des *babà* oder der *pastiera*.

Via Benedetto Croce 30/31 (Spaccanapoli), T 081 010 80 27, www.leopoldoinfante.it, M: Dante, So–Do 7.30–21, Fr/Sa bis 24 Uhr

Einzigartig

Gambrinus Karte 2, F 5

Ein Gesamtkunstwerk der Kaffeehauskultur: Die geschwungenen Bögen und Verzierungen der Decke scheinen mit den Farben und Formen der Sahnetörtchen, Schokoladen und Cremes zu verschmelzen. Auf rosa, hellgelbe und kaffeebraune Glasuren folgen dekorierte *gelati* (Eis). Gambrinus ist eine Institution zu jeder Tageszeit – vom Frühstück bis zum Digestif.

Piazza Trieste e Trento 38, T 081 41 75 82, www.grancaffegambrinus.com, M: Toledo, Municipio, Mi–Mo 7–24 Uhr

WO ESSEN AUF NACHHALTIGKEIT TRIFFT

Bio-Vorreiter

Un Sorriso integrale Karte 2, G 2

Seit mehr als 20 Jahren verwendet die vegetarische Küche Produkte aus kontrolliertem Bio-Anbau und orientiert sich an mediterranen, orientalischen und einheimischen Rezepten. Essen zu indischer Musik, im Sommer im Hinterhof. Im angeschlossenen Bio-Laden kann man sich bestens eindecken.

Vico San Pietro a Majella 6, T 081 45 50 26, www.sorrisointegrale.com, M: Dante, tgl. 12–16, 18.30–1 Uhr, Menü 20 €

Kultur-Koch

L' Angolino Karte 2, F/G 4

Saisonalität, Qualität und überlieferte Kochkultur – so heißen die Küchenpfeiler bei Antonello Rinaldi, der auf diese Weise sehr schmackhafte neapolitanische und mediterrane Gerichte (ohne Tiefkühlfisch!) zaubert. Viel gelobt sind die Gemüsesuppen *(minestre)* und die kreativen Fischgerichte (aus regionalem Fischfang), mittags leichte Kost, abends aufwendigere Gerichte, sehr gute Desserts, Mo ist Themenabend zum Festpreis. Tische auch im Freien.

Vico Medina 14, T 081 551 40 67, www.osteria angolino.it, M: Toledo, Università, Mo–Sa 12–15.30, 19–24 Uhr, 15–35 €

Pulcinellas Freundin

Locanda Ntretella Karte 2, F 5

Der Name der Locanda ist wegweisend für das gastronomische Programm von Rino Artigiano, denn Ntretella ist die Verlobte Pulcinellas, jener berühmten, komischen, immer hungrigen neapolitanischen Commedia-dell'Arte-Gestalt. Zusammen verkörperten die beiden die (kulinarische) Seele Neapels. Artigiano serviert ausgewählte kampanische Küche aus besten, oft biologischen Zutaten und regionalen Produkten. Eine kulinarische Hitparade sind die vielfältigen Vorspeisen. Nur wenige Meter weiter liegt die Pizzeria Ntretella. Im ehemaligen Sägewerk werden traditionelle und innovative Pizzen serviert.

Salita S. Anna di Palazzo 25, T 081 42 77 83, www.locandantretella.it, M: Toledo, Di–So 12.30–15.30, 19.30–24 Uhr, Menü 25 €

Gemüse-Glück

Mangiafoglia D 5

›Blätteresser‹ lauten Name und Motto des Lokals von Stefano Civita, wo Neapels traditionelle Gemüse- und Pastaküche in fantasievollen Variationen serviert wird, denn die Arme-Leute-Küche der Stadt kann auf eine sehr lange vegetarische Tradition zurückblicken. Fleisch war immer Mangelware, weswegen die Liste geschmackvoller Gemüsegerichte lang ist. Grundlage der Rezepte – wie *Pasta alle genovese* (mit Schmorzwiebeln) oder Zucchiniauflauf – sind die Produkte der Region. Etwas Fisch, Brötchen und frische Salate erweitern die Speisekarte. Abends schauen manchmal Musiker vorbei.

Via G. Carducci 32, T 081 41 46 31, www.man giafoglia.it, M: Amedeo, tgl. 12–15.30, 19–24 Uhr, Mittagstisch ca. 9 €, Menü abends 35 €

Bio-Konzept-Laden

CamBIOvita D 6

Sie können vegan und vegetarisch mit Joghurt und hausgemachten Kuchen frühstücken, zum leichten Mittagessen eine Suppe, originelle Nudeln aus diversen Getreidesorten und einen Gemüsesalat probieren oder einfach mal auf einen frischen Imbiss oder Kaffee vorbeischauen – in dem herzlich sympathischen Lokal is(s)t alles selbstverständlich bio.

Via C. Poerio 100/a, T 081 19 57 03 95, face book.com/cambiovitastore, M: Amedeo, Mo–Sa 8.30–20 Uhr, ab 10 €

VERA PIZZA NAPOLETANA

Die **Via dei Tribunali** von der Piazza Santa Maria di Costantinopoli bis zur Via Duomo (G/H 2) wandelte sich in den vergangenen Jahren zur **Pizza-Straße** der Stadt. Wir haben für Sie die besten Pizzerien ausgewählt – und noch ein paar mehr. Auch die Neapolitaner lieben Pizza: An den Wochenenden kann es trotz der hohen *pizzaiolo*-Dichte zu langen Warteschlangen vor den Lokalen kommen.

Pizza rules

Di Matteo Karte 2, H 2

Angeblich war der Tisch für Bill Clinton bei Brandi – dem ›Erfinder‹ der Margherita – schon gedeckt. Aber die *pizzaioli* von Di Matteo brachten 1994 das Protokoll während des G7-Gipfels durcheinander, lockten und brachten erfolgreich Mr. President vom Weg ab. Das stolz über dem Backofen angebrachte Foto zeigt Clinton mit einer typischen Pizza in der Hand: eingewickelt in Papier und *a libretto* zweimal gefaltet. Im schlichten Raum nebenan stehen ein paar Tische für alle, die gerne sitzen möchten. Sehr beliebt sind auch die frittierten Snacks wie Kroketten, Hefebällchen, ausgebackenes Gemüse und Zucchiniblüten.

Via dei Tribunali 94, T 081 45 52 62, www. pizzeriadimatteo.com, M: Cavour, Mo–Sa 8–24 Uhr, Pizza ab 8 €

Pizza in Neapel muss sein, dafür ist die Stadt berühmt – am besten bei Di Matteo.

Pizza nach Protokoll

Da Michele H 2

Wer den Kultort betritt, richte sich nach folgender Gebrauchsanweisung: Dem Kellner, der zur Tür kommt – nicht dem Kassierer – die Anzahl der Gäste mitteilen, sich von ihm einen Zettel mit einer Nummer geben lassen und damit vor der Tür warten, bis diese Zahl ausgerufen wird. Nach 5–20 Min. Wartezeit im Freien zeigt einem der Kellner einen Platz und nimmt die Bestellung mit der Frage auf: »Margherita?« Als Alternativen kämen noch die *pizza marinara* oder die Margherita mit doppelt Mozzarella infrage. Auch die Getränkeauswahl ist minimalistisch. Gezahlt wird an der Kasse in Begleitung des Kellners, der sich mit dem Hinweis »Servizio a piacere« (»Es war mir eine Freude«) verabschiedet und ein Trinkgeld erwartet.

Via C. Sersale 1, T 081 553 92 04, www.damichele.net, M: Garibaldi, Mo–Sa 10–23 Uhr bzw. solange der Teig reicht, Pizza ab 8 €

Pizza-Talent

50 Kalò A 7

Ciro Salvo lernte die kulinarische Kunst des *pizzaiolo* schon in Papas Pizzeria. Sein vielversprechendes Talent plus genaue Studien zu Techniken und Produkteigenschaften machten ihn zu einem der besten der Stadt. Er arbeitet mit sorgfältig ausgewählten, hochwertigen Mehlsorten, die er mit viel Wasser zu einem sehr lockeren, bekömmlichen Teig knetet und mit ausgesuchten Produkten belegt.

Piazza Sannazaro 201/B, T 081 19 20 46 67, www.50kalò.it, M: Mergellina, tgl. 12.30–16, 19.30–0.30 Uhr, Pizza ab 5 €

Frauenpower

La figlia del presidente

Karte 2, H 2

Maria Cacialli ist in die Fußstapfen ihres berühmten Pizzabäcker-Vaters Ernesto getreten und behauptet sich als *pizzaiuola* in einer sonst fast reinen Männerdomäne. Auch hier schmeckt die *pizza fritta* – die gefüllte und frittierte Pizza, die im Nachkriegs-Neapel aus der Not geboren wurde. Feuerholz war teuer, da kam der Pizzateig mit der günstigen Ricotta u- Schinkenspeckfüllung einfach ins heiße Fett.

Via del Grande Archivio 23/24, T 081 28 67 38, facebook.com/lafigliadelpresidente, M: Cavour, Università, Mo 11–15.45, Di–Fr 11.30–15.45,

18.30–24, Sa 11.30–16, 18.30–1 Uhr, Pizza ab 5 € pro Stück

Es bleibt in der Familie

Sorbillo Karte 2, G 2

Die Pizzeria Sorbillo gibt es dreimal. Wer nicht genau hinschaut, sieht nur das größere Ecklokal mit der Aufschrift »Sorbillo« (Haus Nr. 32). Dort leitet Gino Sorbillo den Betrieb. Spezialität des Hauses ist die *pizza fritta al forno*, eine riesige Pizza, gefüllt mit Ricotta, Mozzarella, Schinkenspeck und etwas Tomatensoße, gewürzt mit reichlich Pfeffer. Wenige Häuser weiter liegt die Pizzeria von Gigi und Antonio Sorbillo (Nr. 38). Die Pizza ist dort mindestens so ausgezeichnet wie bei Nr. 32, die Schlange aber nie so lang. In der Mitte (Nr. 35) vollendete die 2010 verstorbene Donna Esterina Sorbillo, die Tante von Gigi und Antonio, ihr Lebenswerk. Als Älteste der 21 Sorbillo-Geschwister – 15 Jungen und sechs Mädchen! – leitete sie hier seit 1935 ihr Lokal. Heute wird ihr zum Gedenken dort *pizza fritta* gebacken.

Via dei Tribunali 32, 35, 38, Gino: T 081 44 66 43, www.sorbillo.it, Antonio e Gigi: T 033 10 09, facebook.com/pizzeriaantonioegigisorbillo, M: Dante, Cavour, Mo–Sa 12.30–15, 19.30–24 Uhr, Pizza ab 8 €

Viva la Pizza!

Da Umberto E 6

Seit vier Generationen (gegründet 1916) bereitet Familie Porzio außergewöhnlich gute und sehr bekömmliche Pizza und Klassiker der neapolitanischen Küche zu. Umberto ist immer einen Besuch wert, denn diese Pizza im Viertel Chiaia gehört sicherlich zu den besten der Stadt! Samstagabends ist es oft sehr voll.

Via Alabardieri 30, T 081 41 85 55, www.umberto.it, M: Amedeo, tgl. 19.15–24, Di–So 12.30–15.30 Uhr, Pizza 5–10 €

CUCINA NAPOLETANA

Der Traum vom Kochen

Vecchia Cantina Karte 2, F 3

Mitten im quirligen Viertel der Pignasecca erfüllte sich die Hausfrau und fünffache

Sorbillo serviert in Neapel gleich an drei Standorten exzellente Pizzen.

Mutter Patrizia den Traum von der eigenen Trattoria. Ihr Schwiegersohn unterstützt sie, während sie in den historischen Mauern des berühmten früheren Cafés Greco mit viel Leidenschaft neapolitanische Rezepte zubereitet, z. B. Pasta mit Zwiebelschmorsoße *(genovese)*, gegrillten Räucherkäse *(scamorza)*, Kalamar und *baccalà*. Hausgemachte Kuchen und eine gute Weinkarte ergänzen die Karte.

Vico San Nicola alla Carità 14, T 081 552 02 26, M: Dante, Montesanto, Mo–Sa 12–15.30, 19.30–23 Uhr, So nur mittags, Menü ab 22 €

Für Eilige

Spiedo d'Oro Karte 2, F 3

Das Schild »Tavola Calda« (Garküche) über dem Eingang definiert, was den Gast innen erwartet. Fertig gekochtes Essen steht zur Auswahl in der Theke, dahinter stehen Enzo und Cinzia und servieren: meist zwei *primi*, auch Cannelloni oder Lasagne, Gemüsebeilagen *(contorni)* je nach Saison, und *secondi* aus Fleisch oder Fisch, auch *pizzette* und Brötchen. Im Hinterraum und im Obergeschoss befinden sich Sitzplätze. Alle Gerichte sind auch zum Mitnehmen.

Via P. Scura 52, Mo–Sa 10–15 Uhr, M: Montesanto, Pasta ab 3,50 €

Traditionelle Volksküche

Antica Osteria Pisano Karte 2, H 2

Auf dem Vorplatz zum Quartiere Forcella, das noch fest in der Hand des Subproletariats ist, darf ein Lokal nicht fehlen, das die neapolitanische Volksküche lebendig hält. Je nach Saison ändert sich die Tageskarte – auch mit Fischgerichten. Je nach Wetterlage stehen zwei bis drei Tische auf dem Bürgersteig vor dem kleinen Lokal.

Piazza Crocelle ai Mannesi 1, T 081 554 83 25, M: Cavour, Mo–Sa 12.30–15.30, 20–24 Uhr, Menü ab 20 €

Markthalle mit Geschmack

Gran Gusto Karte 2, H 4

Zwischen Hafen und Universität zeigt sich die kampanische Kulinarik auf zwei Stockwerken von ihrer besten Seite: ›Spezialitätensupermarkt‹, Café, Vinothek und Restaurant mit Pizzeria, in dem die frischen Zutaten gleich verarbeitet werden.

Via Marina 5, T 081 19 37 68 00, www.gran-gusto.it, M: Università, tgl. Markt und Vinothek 8.30 –22 Uhr, Café 8–23 Uhr, Restaurant und Pizzeria 12.30–15.30, 19.30–23 Uhr

Familienglück

Osteria della Mattonella E 5

Der Prinz von Byzanz, alias Totò, schaut von den Wänden herab. Die Küche ist so traditionell und augenzwinkernd neapolitanisch wie der Humor des berühmten Komikers. Statt Antipasti serviert der winzige Familienbetrieb häufig kleine Kostproben *(assaggi)*, z. B. von Nudeln mit Kichererbsen oder Linsen mit Endivien. Die Genovese-Pasta der Köchin Antonietta Imperatrice ist stadtbekannt.

Via G. Nicotera 13, T 081 41 65 41, M: Toledo, Mo–Sa 13–15, 20–23 Uhr, Menü 20 €

Tut so gut!

Friggitoria del Vomero C 4

Neapolitaner lieben Frittiertes – es ist das Streetfood der Stadt schlechthin. Besonders gefragt sind die heißen Köstlichkeiten wie Reisbällchen, Gemüsesticks, Polentaschnitten, Pastaküchlein auf dem Vomero: Die Friggitoria von 1913 genießt Kultstatus und überzeugt auch mit guten Napoli-Klassikern zum Mittagessen.

Via Cimarosa 44, T 081 578 31 30, www.facebook.com/friggitoria.vomero/, M: Vanvitelli, Mo–Fr 8.30–21, Sa bis 22.30 Uhr, Snack ab 1–2 €

Meer auf dem Tisch

Da Dora C 6

Das kleine Restaurant mit den blau-weiß gekachelten Zimmern vermittelt den Eindruck bodenständiger Einfachheit. Doch Doras Küche ist ein sicherer Hafen für erlesene Fischspezialitäten und Meeresfrüchte – so frisch, dass die Garnelen sogar roh gegessen werden können. Gegrillt ist das Meeresgetier besonders gefragt. Abends begleitet klassische neapolitanische Musik die Speisenden.

Via Ferdinando Palasciano 30 (Riviera di Chiaia), T 081 68 05 19, M: Amedeo, Mo–Sa 13–15, 20–24 Uhr, Menü 50 €

IN SZENE GESETZT

Geliebter Kohlkopf
Cavoli Nostri F 7

Neapels erstes reinveganes Restaurant mit gleich drei exzellent ausgebildeten Küchenchefs, die auch neapolitanische Klassiker mit Leichtigkeit und Eleganz in vegane Köstlichkeiten verzaubern, so werden aus Spaghetti mit Venusmuscheln innovative Spaghetti mit Algen und Pistazienkernen.

Via Palepoli 32, T 081 19 48 57 39, www.cavolinostriveg.com, M: Municipio, tgl. mittags u. abends, Menü 25–35 €.

Artefakte
Spazio Nea Karte 2, G 2

Das Kunstcafé setzt ganz auf die schönen Dinge: Ausstellungsraum, Kulturveranstaltungen, Kaffee und Kuchen, Eis, kleine Gerichte und eine Veranda zwischen den geschwungenen Treppenläufen eines barocken Palazzo mit Blick auf die Piazza Bellini.

Via Santa Maria di Costantinopoli 53, www.spazionea.it, 9 Uhr bis in die Nacht, Speisen ab 5 €

Dauerbrenner
Intra Moenia Karte 2, G 2

Der Evergreen unter den Szenetreffs: Attilio Wanderling eröffnete 1987 das erste Literaturcafé der Stadt, das dank seiner zentralen Lage auf der Piazza Bellini schwerlich aus der Mode kommt.

Piazza V. Bellini 70, T 081 45 16 52, www.intramoenia.it, M: Dante, tgl. 10.30–2 Uhr, im Sommer und an Wochenenden bis 3 Uhr, 4–10 €

Nein zu Schutzgeld!
Tandem Steak Karte 2

Das Schwesterlokal von Tandem Ragù (Via Paladino 51) ist nicht nur auf den Klassiker der neapolitanischen Küche spezialisiert, sondern auch auf Rindersteaks (Fiorentiner, Black Angus) sowie Steaks von Schweinen der regionalen Rasse. Vegetarier findet dennoch ein breites kulinarisches Angebot. Tandem ist Mitglied der landesweiten Vereinigung gegen Schutzgelderpressung ist.

Via Sedile del Porto 51, T 081 192 458, www.tandem.napoli.it, M: Università, tgl. 19–23.30, Fr–Sa auch 12–15.30 Uhr, Pasta ab 6 €.

EXPERIMENTIERFREUDIG UND UNGEWÖHNLICH

Salzige Grüße von Neptun
Baccalaria Karte 2, G 4

In dem kleinen, eleganten Restaurant von Toti Lange gibt der *baccalà* (in Salz konservierter Klippfisch) den kulinarischen Kurs an. In Neapel hat er eine lange gastronomische Tradition, die in der Baccalaria mit internationalen Stömungen mal neu, mal gewagt, mal klassisch ausgelotet wird – mit Fisch aus nachhaltigem Fang.

Piazzetta di Porto 4, T 081 012 00 49, www.baccalaria.it, M: Università, So abends geschl., Menü 35 €

Für Seeleute und Hafenarbeiter
Il Porto dei Sapori Karte 2, H 4

Mitten auf dem Hafengelände zählt diese Osteria zu den originellsten, wenn auch sehr schlichten Essensplätzen der Stadt. Bereits in vierter Generation servieren Biagio und Giovanni hier die Spezialität des Hauses, den gegrillten Kalamar (ca. 8 €) sowie die beliebten *Spaghetti alle vongole.* Darüber hinaus gibt es auch andere gute neapolitanische Küche.

Piazza Immacolatella Vecchia (im Hafengelände), T 081 790 12 84, M: Università, tgl. 10–17 Uhr, Pasta um 10 €

Fantasievolle Antike
Il Garum Karte 2, F 3

Das Lokal von Luigi Sebillo nennt sich nach der antiken Würzsoße und bietet auch manche Gerichte an, die mit einem Schuss des Fischkonzentrats verfeinert werden. Kampaniens kulinarische Kultur trifft hier auf Experimentierfreude und Kreativität. Man sitzt auf einer luftigen Veranda auf der Piazza oder im gemütlichen Gewölbe.

Piazza Monteoliveto 2, T 081 542 32 28, www.ristoranteilgarum.it, M: Dante, tgl. 12–15.30, 19–23.30 Uhr, Mittagsmenü ab 15 €

Das Leben spielt sich in Neapel draußen ab, fast überall gibt es Straßencafés.

Trau' dich … ohne Karte!

Osteria Partenope C 4

»Worauf habt ihr heute Lust?« – so lautet die zentrale Frage von Fabio Messina, der seine Gäste bewirtet wie ein Gastwirt von einst: Ohne Karte will er den Appetit und die Ansprüche der Gäste ausloten, darauf eingehen und ihnen entsprechende Gerichte auf der Basis bester kampanischer Produkte und Rezepte anbieten.

Via D. Cimarosa 56, T 081 558 4006, facebook.com/OsteriaPartenope, M: Vanvitelli, Mi–Mo 12.30–0.30 Uhr, Di geschl., Menü 25–35 €

Meereswunder

Il Miracolo dei Pesci

außerhalb A 8

Das kleine schlichte Lokal am Ende der Via Mergellina ist eine der originellsten und preisgünstigsten Adressen für neapolitanische Fischküche. Frische Zutaten – auch roher Fisch – werden zu fantasievollen Gerichten mit Hang zum Barock komponiert. Sehr gute Vorspeisen und Frittiertes. Reservieren lohnt sich, die wenigen Plätze sind schnell besetzt und besonders bei jungen Leuten beliebt.

Largo Sermoneta 17, T 081 769 07 78, Bus: 140, tgl. 13–15, 20–24 Uhr, Menü 25–30 €

P
PASTA

Pasta mista heißt in Neapel die Mischung kleiner Nudelsorten, die für Eintöpfe mit Kichererbsen, Kartoffeln oder Blattgemüse verwendet wird. Viele Trattorien bieten diese Gerichte täglich an. Die Pasta mista gibt es fertig abgepackt wie auch Maccheroni oder Spaghetti in der 500-g-Packung. Bis in die Nachkriegszeit wurden die verschiedenen Pastasorten allerdings lose verkauft. *Pasta mista* waren damals die Reste, die sich in den Behältern der unterschiedlichen Nudelformate gebildet hatten – Bruckstücke und Suppenergänzung für die Ärmsten der Armen.

Basar für alles

Wo sich ein Großteil des Lebens im Freien abspielt, ist der öffentliche Raum die wichtigste Shoppingmeile. Tagtäglich vergrößern Ladeninhaber ihre Geschäfte um die Auslagen auf der Straße, um abends alles wieder abzubauen. Oft genug stellen die improvisierten bancarelle (Verkaufsstände) sogar die einzige Verkaufsfläche dar. Viel mehr als einen Bürgersteig, eine Decke oder einen Tisch braucht niemand.

Fertig ist der Straßenverkauf fast überall und von fast allem: selbst gefertigter Schmuck, gefälschte Designertaschen, Smartphone-Hüllen, frisch geerntete Erbsen aus dem eigenen Garten, afrikanische Skulpturen, Glücksbringer und Luftballons. Zum Straßenbild gehören auch die fliegenden Händler, die auf ausrangierten Kinderwagen Putzschwämme, Gasanzünder und den Sixpack Papiertaschentücher immer griffbereit haben.

Neapel ist eine Fälschermetropole: Die Via Toledo sowie die Bahnhofs- und Hafengegend sind die Hochburgen des Plagiatverkaufs. Die windigen Händler bieten hier Designermode und sogar iPhones an. Laut Gesetz drohen auch den Käufern hohe Geldstrafen, falls sie erwischt werden. Legendär ist übrigens der *pacco napoletano:* eine Verpackung mit – auf der Straße noch vorgeführtem – Inhalt (etwa einer teueren Digitalkamera), der sich nach dem Erwerb und mit dem Verschwinden des Verkäufers wie durch Zauberhand aufgelöst hat. Zurück bleibt die Packung mit wertlosem Trash.

Zukunft gibt es nur mit Vergangenheit – so ein italienisches Sprichwort.

ZUM SELBST ENTDECKEN

Die Spezialstraßen
Die konzentrierte Anhäufung vieler Läden einer Branche lädt zum Schlendern, Stöbern und Schauen ein.
Mode-Meilen: Via Toledo mit der Galleria Umberto I und Via Chiaia bis in die Via Filangieri. Ab Chiaia steigt das Preisniveau mit den Niederlassungen der Designerboutiquen. Haute Couture und Prêt-à-porter residieren in der Via Calabritto.
Buchhandlungen: Port' Alba bis zur Piazza Dante und Via Mezzocannone
Juweliere und Goldschmiede: Borgo degli Orefici
Antiquitäten: Via Santa Maria di Costantinopoli, Via Foria zwischen Piazza Cavour und Piazza Carlo III. In Santa Lucia: Via Domenico Morelli und Vico Maria a Capella Vecchia

Regulär geöffnet sind die Läden in Neapel 9–13 und 17–20 Uhr.

BÜCHER UND MUSIK

Stilvolle Fundgrube

Colonnese Karte 2, G 2

Antiquarische Fundstücke, dazwischen Raritäten, alte und neue Postkarten und Drucke sowie Bücher aus dem eigenen Verlag – die Schatzkiste des Colonnese verlockten schon Giulio Einaudi und Umberto Eco zum Stöbern.

Via San Pietro a Maiella 33, www.colonnese.it/libreria.php, M: Dante

Klein und groß

La Feltrinelli Libreria Karte 2, F 4

Der renommierte Feltrinelli-Verlag unterhält zahlreiche Buchhandlungen in ganz Italien. Auf drei Etagen bietet diese Filiale ein sehr gutes Buch- und Zeitschriftensortiment, viele Titel und Bildbände über Neapel, auch deutsch- und englischsprachige Literatur. Die große Schwester **La Feltrinelli Libri & Musica** befindet sich an der Piazza dei Martiri 23 (E 6, M: Amedeo) und hat auf mehr Raum eine gute Musikabteilung sowie ein Café und veranstaltet Lesungen, Autorenpräsentationen, Ausstellungen, manchmal auch Livemusik. Eine dritte Feltrinelli-Buchhandlung gibt es im Hauptbahnhof Neapels.

Via S. Tommaso d'Aquino 70, www.lafeltrinelli.it, M: Toledo

Hör-Bar

Fonoteca C 4

Szene-Plattenladen, soziales Zentrum, Info-Börse, Treffpunkt von Musikern und DJs, Frühstückscafé, Mittagstischrestaurant, Bar und Nachtlokal. Auf Kommunikation und persönlichen Kontakt wird hier Wert gelegt. Die Fonoteca ist Umschlagplatz für News von den Musikplaneten: Dub, Techno, House, Trance, Dance, Reggae, World; eigentlich gibt es hier alles außer Mainstream und Kommerz. Ideal, um Roots-Music, Underground und traditionelle Musik aus Neapel kennenzulernen.

Via Morghen 31, T 081 556 03 38, www.fonoteca.net, M: Vanvitelli, Mo–Do 12–1, Fr/Sa 12–2, So 18–1.30 Uhr

Urgestein

Tattoo Karte 2, G 3

Popmusik vom Rande des Kommerzstroms. Der Music Store bedient alle Neben- und Unterströmungen, große Auswahl an Filmmusik vorrätig, auch DVDs. Besonderer Vorteil: am Sonntag bis zum Abend geöffnet.

Piazzetta Nilo 15, T 081 552 09 73, M: Dante

DELIKATESSEN UND LEBENSMITTEL

Schokocreme des Südens

Galamella Karte 2, F 4

Dass Schoko- und Nusscreme auch ohne Palmfett auskommt und mit etlichen süditalienischen Produkten nachhaltig produziert werden kann, beweist der Neapolitaner Dario Meo in cremiger Vielfalt: Mandel-, Nussnougat-, Haselnuss-, Pistazien-, Erdnuss-, Kokos- sowie vegane Schokocreme gehören u.a. zum leckeren Sortiment. Vorzügliches aus der Region.

Via dei Greci 46 (ex via San Tommaso d'Aquino), www.galamella.it, M: Toledo

Eccellenze Campane Mare E 6

Die Stars der kampanischen Landwirtschaft feiern bei Eccellenze Campane Mare ein Fest für die Sinne. Alle wichtigen, aber oft wenig bekannten Erzeugnisse zeigen sich hier von ihrer vortrefflichsten Seite: Brot, Pasta, Wein, Käse, Süßspeisen und vieles mehr liegen zum Verkauf bereit und werden in den Küchen von Fenestra Verde und der Pizzeria von Guglielmo Vuolo frisch verarbeitet: Sie können probieren, genießen und natürlich einkaufen – und erhalten einen konzentrierten Einblick in die kampanische Küche – und an den Tischen im Freien einen Ausblick aufs Meer.

Via Partenope 1, T 081 716 94 35, www.eccellenzecampane.it, Bus R 7, So–Fr 9–23, Sa 7–1 Uhr

Süß!

Dolce Idea Karte 2, F 5

Schokoladenmeister Gennaro Bottone hat sein Handwerk in Italien und Frankreich

Für alle, die keine Pfanne im Gepäck haben, werden die frischen Fische in der Pescheria Azzurra sogar aufgetischt.

gelernt. Seit 1979 stellt er nun die süßesten Köstlichkeiten und Pralinen her. Tipp: Testen Sie die *palle di bottone.*

Via Gennaro Serra 78, www.gennarobottone.it, M: Toledo/Municipio

Gelbes Glück in Flaschen

Limonè Karte 2, G 2

Aus Alkohol, Zucker und Zitronenschalen wird der klassische Zitronenlikör der Golfregion hergestellt. Leute mit Unternehmergeist und Tradtionsbewusstsein produzieren in ihrem städtischen Likörlabor nach überlieferten Methoden und warten mit archäologischen Überraschungen auf: Ein antiker Brunnen und altes Bauernwerkzeug gehören zum Laden dazu.

Piazza San Gaetano 72, www.limoncellodinapoli.it, M: Dante

Fisch – auch frittiert

Pescheria Azzurra (Gagliotta)
Karte 2 F3

Frisch ist er immer, aber was ist, wenn man keine Küche zur Hand hat, um den Fisch zuzubereiten? Bei Gagliotta kein Problem: Die Ware wird zum Essen vor Ort frisch frittiert, gebraten oder zur Pasta angeboten, mittags und sogar abends.

Via Portamedina 5, M: Montesanto/Dante, tgl. 10 bis ca. 22, Fr u. Sa bis ca. 24, So nur bis 16 Uhr

FLOH- UND STRASSENMÄRKTE

Fischers Frisches

Mercato ittico J 2

Um die Frische der Fische unter Beweis zu stellen, verbiegen die Händler die Tiere, denn nur frische Ware hat dafür genug Spannkraft. Ein besonderes Erlebnis ist der Besuch des Fischmarkts in der Nacht auf den 31. Dezember. Die Neapolitaner kaufen dann für ihr Silvestermenü ein.

Porta Nolana/Via Nolana/Via Carmignano, M: Garibaldi, tgl. 7–14 Uhr

Alter vor Schönheit

Fiera Antiquaria Napoletana B 6

Trödel und Kurioses, wertvolle Antiquitäten und Sammlerstücke.

Villa Comunale/Viale Dohrn, T 335 621 27 23, www.fieraantiquarianapoletana.it, M: Amedeo, Bus R7, Sept.–Juni jedes 3. Wochenende im Monat, 8–14 Uhr

Windige Mode
Mercato della Duchesca J 2
Gut sortierter Kleider- und Schuhmarkt in Bahnhofsnähe. Die Preise sind ausgeschrieben oder werden ausgerufen. Gefälschtes und Echtes: Es wurden sogar schon Stücke von Paul Smith und anderen internationalen Designern gesichtet.
Via P. S. Mancini/Via S. Candida/Via Fazzini, M: Garibaldi, Mo–Sa 9–14 Uhr

Das Leben ist ein Markt
Pignasecca Karte 2, F 3
Auf der Piazza Pignasecca preisen die Händler Obst, Gemüse und Fisch an. Das Markttreiben reicht weit über den Platz hinaus, umfasst die gleichnamige Straße und nahezu das ganze Viertel vom Bahnhof Montesanto bis zur Piazza Carità. Besonders die Fischhändler bedienen gerne mal das Klischee vom pittoresken Marktschreier und die Grenzen zwischen Marktstand und Geschäft sind fließend. In der Pignasecca findet sich alles Wichtige und Unwichtige zum Leben – es ist immer noch ein Plätzchen auf dem Bürgersteig für einen improvisierten Kräuterstand frei. Schuhe und Kleidung sind meist günstiger als in der Via Toledo. Im Haushaltswarenladen gibt es ein reichhaltiges Sortiment an Espressokännchen und entsprechenden Ersatzteilen. Nach dem Einkaufsbummel bietet sich ein Gang in die Trattoria an, denn in der Pignasecca konzentrieren sich noch viele der typischen einfachen Mittagstischlokale. Sogar die vornehmbürgerlichen Damen vom Vomero wagen sich in das volkstümliche Viertel, kaufen günstig ein und stellen sich und die prallen Tüten dann bequem in die Funicolare.
Piazza & Via Pignasecca, M: Montesanto, tgl. 8–14.30 Uhr

GESCHENKE, DESIGN, KURIOSES

Antiker Stoff
Museum Shop Karte 2, G 2
Die Ikonen der Antike erschwinglich verewigt für den Hausgebrauch: In einem alten Palazzo mit Gewölbedecken können Sie Ihre Garderobe mit tollen Motiv-T-Shirts (auch in Kindergrößen) auffrischen. Es gibt zudem Tassen, Kalender, Stifte, Schmuck, Statuetten, Hefte und Bücher, alles mit antiken Motiven oder gängigen Bildern der italienischen Kunst- und neapolitanischen Kulturgeschichte. Am Ende des Kellergewölbes ist ein Raum für Filmprojektionen reserviert: Hier werden DVDs über Pompeji und den Vesuv gezeigt – ideal als Verschnauf- oder Regenpause.
Largo Corpo di Napoli 3, www.museum-shop.it, M: Università, Dante, weitere Läden am Flughafen (Abflug) und in der Stazione Marittima

Ton in Ton
Filippo Felaco Karte 2, G 2
Das Sortiment des bekannten *ceramista* reicht von Alltagskeramik bis hin zu Designobjekten. Besonders gelungen sind die Kreationen, die über den reinen Gebrauchswert hinausreichen, z. B. die kegelförmigen Lampen und Vasen. Seine Werkstatt ist im Hof – bei »laboratorio ceramica« klingeln.
Via Tribunali 339, www.filippofelaco-ceramista.blogspot.com, M: Dante, Mo–Sa 16–19 Uhr

Gegen den bösen Blick
Ulderico e Oni Wong
Karte 2, G 2
Die Künstlerin und der Künstler bearbeiten die Mythen und Motive der Stadt. Ulderico verkauft seine spitz-gezwirbelten lila Glücksbringer – eine Abwandlung des klassischen neapolitanischen roten *corno* – als stilvolles Mitbringsel. Einfach mal im Innenhof des Palazzo vorbeischauen. Das Tor steht oft offen.
Via Nilo 34, www.facebook.com/artestesa, M: Dante

Aus dem Vollen schöpfen
Egraphe Karte 2, G 2
Amalfi – da denken die meisten an die steile Küste. Bekannt ist die Stadt aber auch für handgeschöpftes Papier. Bei Egraphe gibt es Briefpapiere mit Umschlägen ab 20 € und exklusive Souvenirs ganz ohne Kitschfaktor, z. B. Espressotassen und Aschenbecher mit Vesuv-Emblem sowie farbenfrohe Majolika-Kacheln
Piazza L. Miraglia 391, www.egraphe.it, M: Dante

Blütenträume
I fiori di Ferrigno Karte 2, H 2
Die freundlichen Blumenhandwerkerinnen im Ferrigno-Laden sind von besonderer Klasse. In ihrem *basso*, der winzigen Wohnung mit Werkstatt, fertigen sie umgeben von Krippenbauern naturgetreue Blumen und Früchte aus Papier und Stoff oder aus der edlen Seide von San Leucio bei Caserta an. Stadtbekannt ist die über 80-jährige Concetto Ferrigno. Ihre Handarbeit ist das Lebenswerk der gehörlosen Grande Dame der Blumenkunst.
Via San G. Armeno 22, M: Dante

Edles aus Leder bei Tramontano

Zum Schmunzeln
Napolimania special store Karte 2, F 4
Neapel-Souvenirs in Comicstrip-Ästhetik – von der Krawatte mit dem berühmten Pinienmotiv bis zum *corno* (wörtl. Horn; Amulett in Form einer Chilischote gegen den bösen Blick), der schon bei den Pompejern unentbehrlich war.
Via Toledo 309–312, M: Toledo

MODE, ACCESSOIRES

Neapels Modemacher verbinden Design mit großer handwerklicher Tradition in der Stoff- und Lederverarbeitung. Viele haben es so zu internationalem Ansehen gebracht.

Kunst am Leib
Luigi Borrelli E 5
Für das Familienunternehmen Borrelli sind Hemden mehr als Handwerksprodukte – von klassisch elegant bis ausgefallen trendy sind ihre Stücke aufwendig gearbeitet und von bester Qualität.
Via G. Filangieri 68, www.luigiborrelli.com, M: Amedeo, Stückpreis ca. 200 €

Knoten am Hals
Marinella E 6
Der Krawattenkönig stellt keine Schlipse her, sondern Statussymbole. Er zog die edlen Knoten schon am Hals von Fiat-Chef Agnelli und John F. Kennedy fest. Nicht alle Männer widerstehen der Versuchung, doch mal in diesem edlen Tempel der Qualität und Eleganz zum Probebinden vorbeizuschauen.
Piazza Vittoria 287, www.emarinella.com, M: Amedeo, Bus: R7, 140: Vittoria, Stück ca. 100 €

Nicht ohne meine Tasche
Tramontano E 5/6
Tramontanos Taschen und ihr tolles Design reichen von edel bis zur kleinen Rock-Ladys-Kollektion, jede Tasche davon ist eine Hommage an eine Musikerin oder eine Band.
Via Chiaia 143–144, T 081 41 48 37, www.tramontano.it, Bus: R7, 140 bis Piazza Vittoria

Spitzenschuhe
Mario Valentino E 6
Valentino ist Künstler des Stöckelschuhs und Spezialist für Damenschuhe. Schon seine Skizzen und Entwürfe sehen aus wie Kunstwerke.
Via Calabritto 10, www.mariovalentino.it, M: Amedeo

Hippieglück
Yo soy feliz Karte 2, G 3
Sie sind bunt, poppig, ausgefallen und schön – die Frauen- und Mädchenkollektionen des kleinen, sehr erfolgreichen Labels lassen sich mit ›New Hippie‹, zeitgenössischem Love&Peace-Look und mediterraner Fröhlichkeit (manchmal auch Ernsthaftigkeit) umschreiben. Jedes Jahr zwei Kollektionen, auch schon für die Allerkleinsten. Außerdem viele bunte Accessoires, die reine Lebensfreude ausstrahlen.
Via Benedetto Croce 22, T 081 570 83 11, facebook.com/YoSoyFeliz.Abbigliamento, M: Dante, weiterer Laden: Via Chiaia 222

Nein, Marinella verkauft keine Schuhe, sondern Schlipse. Und zwar an alle. Auch ohne Hundeblick.

Sitzt solide

Fusaro Karte 2, F 5

Traditionelle neapolitanische Herrenschneiderei mit eigener Kollektion: große Hemdenauswahl, gut sitzende Anzüge, Business- und Freizeithosen, stilvolle Accessoires und erschwingliche Preise.

Via Toledo 276, www.fusarogold.com, M: Municipio, weitere Filiale in der Via Toledo 151

Gönnen Sie sich was

Dieci Dieci Karte 2, F 5

Eine sichere Adresse, wenn Frau noch dringend etwas Schickes braucht. Mode von mehr als zehn verschiedenen Designermarken und deren Unter- und Nebenlinien, kaum Sportswear. Änderungsschneiderei ist im Preis inbegriffen.

Via Toledo 195/196, T 081 552 16 77, facebook.com/diecidiecinapoli, M: Toledo, Mo–Sa 10.30–19 Uhr

Trendfrisur

Xenon Group Karte 2, F 3

Ein friseureigenes Markenprodukt für Haare mit Schwungkraft oder lieber eine echte Napoli-Frisur mit gepflegter Nassrasur? Franco Bottone schneidet Altstadtbewohnern ebenso die Haare wie Leuten der Kulturszene und setzt gekonnt jeden noch so neuen Trend meisterlich um.

Via Maddaloni 3, www.xenongroup.it, M: Dante, Di–So

Goldiges Viertel

Borgo degli orefici Karte 2, H 3

Seit dem späten Mittelalter siedelte sich die Goldschmiedezunft außerhalb der Stadtmauern im Viertel Pendino um die Via Grande Orefici an. Dort gibt es noch heute eine kleine Stadt in der Stadt – mit Neapels schönstem und günstigstem Schmuck.

Via Grande Orefici, www.borgorefici.eu, Bus: R2, C55 bis N. Amore

Juweliere in Reihe

Via San Biagio dei Librai (Spaccanapoli) Karte 2, G/H 2/3

Auf der Via S. B. dei Librai konzentrieren sich zwischen Piazza San Domenico und Via Duomo Juwelier- und Uhrengeschäfte – vornehmlich kleine Traditionsläden, die seit Generationen in Familienbesitz sind. Sie werden kaum extravagante Designerkreationen finden, aber soliden, schönen Goldschmuck und eine individuelle Bedienung und Beratung.

M: Dante

Dynamische Szene

Wenn es heiß wird in Neapel, trifft man sich auf den großen Piazze oder vor den Bars in der Altstadt, die in einem früheren Leben oft Handwerks- und Speicherräume waren. Auch das Nachtleben in Neapel ist jahreszeitenabhängig, oft improvisiert und immer dynamisch. Manch ein Lokal ändert von einer Saison zur anderen seinen Namen und von Mai bis Oktober sind viele Clubs im Zentrum geschlossen.

Eine Regel gilt immer: Vor 23 Uhr ist in den Discobars mit Live-DJ nicht viel los, meist kommt erst nach Mitternacht Bewegung auf die Tanzfläche. Während in der Altstadt gerne Studenten feiern, finden sich in Chiaia die etwas teureren und edleren Bars.

Wenn Opernhäuser, Theater und Clubs in die Sommerpause gehen, wird die Musik ins Freie verlegt und jede Piazza, jeder noch so kleine öffentliche Garten am Stadtrand bespielt. Die Open-Air-Saison dauert in Neapel von Anfang Juni bis Ende September. Für jeden Musikgeschmack ist etwas dabei: neapolitanische Canzone, Folklore, Jazz, Blues, Trip-Hop, Pop. Lokalmatadore wechseln sich ab mit den ganz großen Namen der Branche. An den Sommerwochenenden gibt es an den Stränden auch größere Disco-Happenings. Klassik unter sommerlichem Sternenhimmel kann man zuweilen sogar im antiken Theater von Pompeji genießen, dort spielt das Orchester des San Carlo auf. Infos unter www.pompeiisites.org oder www.teatrosancarlo.it.

In den Club? In Neapel nicht vor Mitternacht.

ZUM SELBST ENTDECKEN

Nachts auf den Plätzen
Der Borgo Marinaro mit dem Lungomare, die Altstadt-Plätze Bellini, Gesù und San Domenico Maggiore sowie die Piazza dei Martiri in Chiaia sind nachts die meistfrequentierten Treff- und Lebenspunkte.

Movida napoletana:
Die höchste Lokaldichte mit den coolsten Bars und Clubs finden Sie in der Nähe der Piazza dei Martiri in den Gassen rund um den Vico Belledonne a Chiaia. Der Andrang ist oft so groß, dass die Hälfte der Gäste auf der Straße ihre Drinks schlürft.

Veranstaltungstipps
http://zero.eu/napoli: von Theater über Film und Ausstellungen bis Rock und Pop.
www.napolike.it/eventi/concerti: Konzert-Kalender von Klassik bis Pop
www.palapartenope.it: internationaler Pop und Rock in einer Konzerthalle

BARS UND KNEIPEN

Schöner Zeitverlust

Perditempo Karte 2, G 2
Café, Weinbar, Livebühne, Ausstellungsraum, Literaturtreff mit Lesungen, Buchladen und Vinylshop. Vormittags geht es eher ruhig zu, abends wird es dann aber voll und quirlig. Dank dieser bunten Mischung wird es im Perditempo nie langweilig und es ist leicht, hier seine Zeit zu verlieren.
San Pietro a Majella 8, T 081 44 49 58, M: Dante/Museo, Mo–Mi 9–24, Do–Sa bis 2 Uhr, So nur abends

Meeres-Aperitif

Bar del Mare Karte außerhalb
Sitzmatten und Kissen auf der Kaimauer, Fischerbooten und Wellensound zu den Füßen und der Vesuv im Hintergrund. Ein Aperitif in der Strandbar am Posillipo hat für viele Neapolitaner einen hohen Suchtfaktor. Nicht wenige bestellen mehr als einen Drink und bleiben den ganzen Abend in der entspannten Atmosphäre, auch gerne zum Essen. Zugang ab Via über Discesa Riva Fiorita
Via Ferdinando Russo 18, Località Riva Fiorita, T 0817692241 u., 327 692 6057, www.bardelmare.com, M: Mergellina, Bus 140, Mo, Mi–Do 17–0, Do–So 9–0 Uhr.

Wein-Allrounder

Enoteca Belledonne D 6
Diese Weinbar ist ein Degustationslexikon in Sachen kampanische und italienische Weine. Und damit zum flüssigen Genuss auch eine geschmackvolle Basis hinzukommt, gibt es neben Snacks zum Wein solide kampanische Küche.
Vico Belledonne a Chiaia, 18, T 081 403162, M: Amedeo, tgl. 16.30–2 Uhr.

Gran Caffè Neapolis Karte 2, G 3
Ein Lokal, das sich mit seinem Publikum im Laufe des Tages mehrfach verändert. Frühmorgens nehmen Neapolitaner ihren *caffè* hier im Stehen, tagsüber sitzen die Urlauber draußen im Freien und nachts holen sich die Studenten hier ihr Mitternachtsbier. Mittlerweile gehört dem Besitzer auch die historische Konditorei Scaturchio, und in der eigenen Auslage bietet das Grancaffè die stadtweit begehrten original *fiocchi di neve* von Konditor Poppella aus der Sanità an.
Piazza San Domenico Maggiore 14/15, Centro antico, M: Dante, tgl. 7–1 Uhr

Good Vibrations

Kestè Karte 2, G 3
Bis in die frühen Morgenstunden ein klassischer Treff für Diskussionsfreudige in Uni-Nähe. Nicht minder engagiert, werden die ›good vibes‹ in der ArtBar, die früher mal ›vibes‹ hieß, regelmäßig live erzeugt: bis spät abends ein lauschiges Plätzchen an der frischen Luft mit Kulturprogramm und kulinarischen Abenden.
Largo San Giovanni Maggiore 26/27, T 081 19 36 09 32, www.keste.it, M: Dante, Università, Di–So 18.30–4 Uhr

Superseriös

Superfly Soulbar Karte 2, F 3
Barman Gianni hat immer den Überblick und ist mindestens so cool wie seine Drinks. Exquisiter Musikgeschmack der DJs, ›wohluminös‹ klingende Stereoanlage, abgedunkeltes Neonlicht und Fo-

KINO IN NEAPEL

Wer die italienische Sprache ›kinotauglich‹ beherrscht, findet eine recht große Filmauswahl. Tickets kosten mindestens 10 €. Das Sterben der kleinen Programmkinos ging auch an Neapel nicht vorbei, deshalb ist der künstlerische Film vorwiegend in Sonderprogrammen zu sehen.

Modernissimo Karte 2, F 3
Erstes Kino mit mehreren Sälen in Süditalien. Das Modernissimo veranstaltet jedes Jahr im Juni das Internationale Napoli Film Festival. Arthouse-Filme zeigt auch einmal wöchentlich die Galleria Toledo, s. u.
http://stellafilm.it/modernissimo.html

tos von Jazzmusikern an den Wänden – eben eine Bar für jede Seelenlage.

Via Cisterna dell'olio 12, Centro antico, T 34 71 27 21 78, M: Dante, Okt.–Juni Di–So 17–3 Uhr

Einer für alles

Ba-Bar Officina E 6

Im Kulturcafé mit Bistro im Edel-Vintage-Look, dessen Interieur weltweit aufgelesen wurde, kann man locker den gesamten Abend verbringen: Aperitif, Abendessen plus Wein und Dessert. Oft gibt es ein Kulturprogramm.

Via Bisignano 20, T 081 764 35 25, www.ba-bar.it, M: Amedeo, Mo 17–2, Di–So 11–2 Uhr, Okt.–Mai auch mittags

Eine lebende Sax- und Jazz-Legende Neapels ist Daniele Sepe.

FassBar und FriedVoll

Barril D 6

Atmosphärische Wein-, Aperitif- und Cocktailbar. Vintage-Einrichtung trifft auf weiße Edelsofas, dazu jazzige Klänge, eine wunderbar große Gartenoase zum Relaxen und kleine Küche zum Genießen (Fingerfood).

Via Fiorelli 11, T 393 981 43 62, www.barril.it, M: Amedeo, Di–So 19–2 Uhr

Wandelbar

L'Ebbrezza di Noè D 5

Tagsüber Weinladen und Restaurant, abends ab 18 Uhr Weinbar. Die besten Tropfen Kampaniens und viele aus anderen Regionen Italiens darf man vor dem Kauf meist auch probieren. 1600 Weine und stattliches Grappa-Sortiment.

Vico Vetriera a Chiaia 9, T 081 40 01 04, www.lebbrezzadinoe.com, M: Amedeo, Di–So 18–2 Uhr

Fisherman's friends

S'move Revolution D 6

Einst wurde hier am Tage Fisch verkauft. Die coole Bar, die 1992 zu den ersten Einrichtungen vom Typus Musik-Club-Bar gehörte, ist immer noch ein Dauerbrenner auf drei Stockwerken mit unterschiedlichen Funktionen. Mit kosmopolitischer Musikauswahl und ebensolchen Gästen, Live-Auftritten, Party-Themenabenden.

Vico dei Sospiri 10, T 081 19 56 79 77, facebook.com/smovelab.tre, M: Amedeo, Di–So 19 Uhr bis nach Mitternacht

Trendy Engagement

Sottopalco Karte 2, F 2

Die Verlegergemeinschaft Marotta & Cafiero aus Scampia gründete 2014 das größte Literaturcafé Süditaliens. Bio-Bistro, Fairtrade-Theke, Buchhandlung, Ausstellungs-, Musik-, Debattenraum teilen sich die drei großen Säle unter dem Theater Bellini. Im Bistro arbeiten Jugendliche aus Scampia, bereiten und servieren Speisen, die Spitzenkoch Pietro Parisi aus regionalen Produkten entworfen hat.

Via Conte di Ruvo 14 (im Teatro Bellini), facebook.com/Sottopalco, M: Dante, Museo, Di, Do/Fr 18–22, Mi, So 16–19, Sa 16–22 Uhr.

LIVEMUSIK

Ich bin schick

Alter Ego Karte 2, G 2

Angesagte Lounge-Bar in historischem Palazzo bei der Piazza Bellini. Im kosmopolitisch-futuristischen Ambiente folgt auf den Aperitif der Cocktail zu Livemusik, beim DJ-Set und an Themenabenden.

Via S. Maria di Costantinopoli 105, T 391 330 11 05, facebook.com/alteregonapoli, M: Dante, Museo, Di–So 18–2 Uhr

Kulturspinnerei

Lanificio 25 J 1

In der ehemaligen Wollspinnerei hat sich eines der kreativsten Zentren der aktuellen neapolitanischen Kultur entwickelt. Hier werden Konzerte, Seminare, kulinarische Matinees und vieles mehr fantasievoll konzipiert und umgesetzt. Schon die Bar in den außergewöhnlichen Mauern mit Innenhöfen und künstlerisch gestalteten Räumen ist einen Besuch wert. Hausgebrautes Bier, Smoothies, Cocktails und Snacks!

Piazza Enrico De Nicola 46, T 081 658 29 15, www.lanificio25.it, M: Garibaldi, meist ab 18 Uhr, Veranstaltungen auf Plakaten und bei facebook

Against Racism

Moses Club außerhalb H 1

In-Club mit politischem Anspruch: Das Projekt Moses entwickelten Musiker Peppe Fontanella und Regisseur Guido Lombardi, der 2011 die Geschichte von sechs afrikanischen Einwanderern verfilmte, die von der Camorra ermordet wurden: Der namengebende Moses war einer von ihnen. Livemusik und Kultur gegen Gewalt und Rassismus schräg gegenüber des Orto Botanico!

Via Vincenzo Petagna 15, T 333 619 40 63, facebook.com/MosesLiveClub, Busse 182/184, Fr/Sa 22–5 Uhr

Der Untergrund lebt

Duel Beat außerhalb A 6

Polyfunktionaler Musikclub mit viel Platz für Livekonzerte, DJ-Sets und Ausstellungen. Tagsüber finden Workshops und künstlerische Projektarbeit statt: Der Beat des Duel ist rebellisch, dynamisch, innovativ. Neapels musikalischer Underground liegt derzeit im Nachbarort Pozzuoli!

Via Antignana 2, facebook.com/duelclubofficial, Pozzuoli, M: Pozzuoli, Mi–So 23–4 Uhr

Groove on

Arenile di Bagnoli außerhalb A 6

›Area Italsider‹ heißt der Freiluft-Konzertplatz, der v. a. für Festivals genutzt wird. Das 12 000 m² große Gelände direkt am Strand hat überdies – wie eine ›Frischluft-Lounge‹ – einen Pool, Bars und Gazebos für Veranstaltungen auch im Winter. Jeden Juli findet hier an zwei Tagen das Neapolis Festival statt – Süditaliens größtes internationales Rockfestival.

N
NOCH WAS

Neapel ist ›auch‹ eine **Jazzmetropole am Golf:** Jazzfreaks kommen hier voll auf ihre Kosten. Und das nicht erst, seit die Legende Pat Metheny hier zusammen mit Pino Daniele, dem ersten ›eigenen‹ Solokünstler der Neapolitaner, Konzerte gegeben hat. Die regionalen Stars wie etwa Maria Pia de Vito, die Contrabbanda, Daniele Sepe oder Marco Zurzolo spielen öfter in den Jazzclubs der Stadt.

Via Coroglio 14b, Bagnoli, T 081 570 60 35, www.areniledibagnoli.it, M: Campi Flegrei, dann R7/C1: Coroglio, ganzjährig geöffnet

JAZZ

Bourbon und Bellini

Bourbon Street Jazz Club

Karte 2, F 2

Pure Jazzklänge zwischen Piazza Bellini und Piazza Dante: meist akustischer Sound von Musikern, die zu den jüngeren Neuentdeckungen der neapolitanischen Szene gehören. Hier gibt's auch Cocktails und kleine Gerichte.

Via Bellini 52/53, T 338 825 37 56, www.bourbonstreetjazzclub.com, M: Dante, Okt.–Mai Do–So ab 21.30 Uhr

Zeit für 'ne Session!

New Around Midnight C/D 3

Lange schon werden hier vorwiegend regionale Jazzbands und -größen präsentiert. Die Zielgruppe sind Einheimische und neugierige Besucher. Zur Musik kann man kleine Gerichte und Fingerfood bestellen, sogar auch glutenfrei.

Via Bonito 32, Info/Reservierung T 347 554 32 98, facebook.com/Bluearound midnightmidnightjazzclub, M: Vanvitelli, Do–So 21–3.30, Programm ab 22 Uhr

HÖHEPUNKTE IM KULTURLEBEN NEAPELS

Oper
Das älteste Theater Italiens, das **Teatro di San Carlo** (✪ Karte 2, F 5, www.teatrosancarlo.it), nahm Jahrzehnte vor der Mailänder Scala 1737 den Spielbetrieb auf und ist immer noch eine international angesehene Bühne für Opern-, Konzert- und Ballettaufführungen. Die Musikstätte mit ihrer perfekten Akustik, der Stuck- und Goldausstattung kann vor dem Konzert besichtigt werden: Die Führungen sind kombinierbar mit einem Besuch im Memus, dem mulitmedialen Museum des Theaters (Führungen Mo–Sa 10.30–16.30, So bis 12.30 Uhr, Anmeldung: T 081 797 24 68, promozionepubblico@teatrosancarlo.it, 6 €).

Klassik
Stadtbekannt für ihre wunderbaren Klassikkonzerte ist die **Associazione Alessandro Scarlatti** (✪ E 6, www.associazionescarlatti.it). Der Verein veranstaltet Konzerte an wechselnden Schauplätzen – im Castel Sant' Elmo, im Palazzo Reale *(teatrino di corte)* und im Palazzo Zevallos.

Schauspiel
Das **Teatro Mercadante** (✪ Karte 2, G 5, www.teatrostabilenapoli.it) ist Neapels städtische progressive Schauspielbühne und Staatstheater zugleich. Bei seiner Eröffnung war kein Geringerer als Mozart anwesend. In dem Kulturprestigeobjekt können Sie heutzutage italienische und neapolitanische Klassiker der Moderne – etwa Luigi Pirandello oder Eduardo De Filippo sehen – und viele zeitgenössische Autoren und Dramaturgen entdecken, darunter auch Stücke von Andrea Camilleri oder Regiearbeiten von Toni Servillo. Auch werden jede Saison Gastspiele, Ballett und Klassiker im neuen Gewand aufgeführt. Das Teatro Stabile verfügt außerdem über zwei weitere Bühnen: San Ferdinando und Ridotto.

Junge Bühne
Der Betrieb der Kulturbühne **Galleria Toledo** (✪ Karte 2, E 4, http://galleriatoledo.info) begann 1991, initiiert von Hausbesetzern und Künstlern, die ihrem Rebellentum auch bei der Programmwahl treu geblieben sind: Es werden meist zeitgenössische und sehr innovative Stücke sowie Tanz, Konzerte und auch Raritäten aus der Welt des Films gegeben. Das Toledo ist zugleich auch Theaterlabor und Schreibwerkstatt für neue theatralische und künstlerische Formen.
Auch das **Teatro Nuovo** (✪ Karte 2, E/F 4, www.teatronuovonapoli.it) liegt in den Quartieri Spagnoli. Schon 1724 für die Fans der Opera Buffa eröffnet, gehört das inzwischen deutlich verkleinerte Haus nun zur Theater-Avantgarde der Stadt: Underground und Neues Schauspiel, außerdem Werkstatttheater.
Kritisches Gegenwartstheater, aber auch Musicals, traditionelle Klassik und Musikveranstaltungen stehen im **Teatro Bellini** (✪ Karte 2, F 2, www.teatrobellini.it) auf dem Spielplan. Im Untergeschoss betreibt das Theater den innovativen Kulturtreff Sottopalco.

Show im Untergrund
Im sogenannten **Museo del Sottosuolo** (www.tappetovolante.org/museosottosuolo/scheda.php) wird Ihnen der Untergrund Neapels durch eine szenische Führung nähergebracht. Ein *monaciello* – ein mönchisches Legendenwesen ähnlich dem deutschen Heinzelmännchen – führt in die Geheimnisse Neapels ein und erklärt die Geschichte der ausgehöhlten Stadt im Untergrund. Das Spektakel unter der Piazza Cavour ist bislang noch ein Tipp für Insider.

Oldie but Goldie: Das Teatro San Carlo ist über 250 Jahre alt.

Napoli jazzt
Otto Jazz Club E 5

Der Betreiber des ersten Jazzclubs Neapels Enzo Lucci unterscheidet zwischen amerikanischem und mediterranem Jazz, der in Zusammenarbeit mit verschiedenen Musikschulen gepflegt wird. Eintritt frei, erstes Getränk mind. 8 €.

Salita Cariati 23 (Höhe Corso Vittorio Emanuele), T 081 551 51 08, facebook.com/marialucci.ottojazz, Funicolare: Centrale, Mitte Sept.–Mitte Juni, Do–So ab 21 Uhr (nach Ankündigung)

TANZEN

Abstieg der Seelen
Galleria 19 Karte 2, G 3

Cooles Mehrzwecklokal mit sehr metropolitanem, multi-ethnischem Ambiente. In den ehemaligen Sargfabrikkellern aus Tuff kann man am langen Tresen Cocktails trinken, Musik auch live hören und sehen, Videos und Ausstellungen anschauen und natürlich tanzen.

Via San Sebastiano 19, T 081 19 81 01 00, facebook.com/Galleria19, M: Dante, Di, Mi–So 23–4 Uhr

Joints nur draußen
Rootz Klab Karte 2, F 3

In der einzigen Reggae-Tanz-Bar der Stadt scheint die Zeit (fast) stehen geblieben – und Bob Marley lebt! Reggaefarben und Rastalocken sind immer gerne gesehen. Joints dürfen nur draußen auf der Straße geraucht werden. Die DJ-Sets unternehmen auch groovige Ausflüge in die Nachbarschaft des Reggae.

Vicolo della Quercia 26, facebook.com/marialucci.ottojazz, M: Dante, Di, Fr–So von 22–5 Uhr

Schick und teuer
La Mela D 5

Schicke Disco in der besseren Gegend der Stadt. Überwiegend betuchte Gäste, von denen viele hauptberuflich Sohn oder Tochter sind.

Via dei Mille 41, www.lamelaclub.it, M: Amedeo, Okt.–April Do–So 23–5 Uhr

Life is still a beach
Vibes on the Beach außerhalb A 6

Sehr angesagt ist das Frühstück in dieser Strandbar und -diskothek, die hier schon manch ein Gast erst am nächsten, frühen Morgen wieder verlassen hat ... Das Motto »Take it easy, Lounge-Music and Brunch on the beach« kommt besonders bei den 30–40-Jährigen sehr gut an.

Via Plinio il Vecchio 20, Bacoli, T 081 523 28 28, Cumana: Bacoli, März–Okt. tgl. 9–3 Uhr, sonst an den Wochenenden je nach Wetterlage

Hin & weg

Vom Flughafen Capodichino ins Stadtzentrum

Alibus: Der Schnellbus fährt – ohne weitere Zwischenstopps – über den Hauptbahnhof an der Piazza Garibaldi zur Piazza Municipio (Molo Beverello). Abfahrt alle 15–20 Min. von 6–23.30 Uhr neben den Taxiständen. Fahrkarten: am Flughafen-Zeitungskiosk, in Bars und *tabacchi* 5 €. Das Ticket gilt 90 Min. und kann zur Weiterfahrt im Stadtbereich Neapel genutzt werden (Infos unter www.anm.it).
Taxi: Wagen vor dem Ankunftsbereich. Eine Fahrt in die Innenstadt kostet mit Taxameter ca. 20–25 €. Alternativ dazu gibt es Fixpreise *(tariffa predeterminata)*, z. B. Capodichino–Municipio 19 €. Der Festpreis gilt auch an Feiertagen und nachts. Jedes Taxi muss eine entsprechende Preisliste mit sich führen.
Metro: Ab Hauptbahnhof Piazza Garibaldi starten die beiden Metrolinien 1 und 2 in die Innenstadt und westlichen und nordwestlichen Vororte, Infos www.anm.it.

Informationen

Fremdenverkehrsbüros vor Ort
Azienda Autonoma di Soggiorno Cura e Turismo (AAST): www.inaples.it. Alle zwei Monate erscheint die ital.-engl. Broschüre »Qui Napoli« mit Veranstaltungskalender, Tipps und Verkehrsverbindungen, erhältlich in den Infobüros an der Piazza del Gesù und der Via San Carlo und auf der Website als PDF.
Infobüros AAST:
Piazza del Gesù Nuovo (🕮 F 3), T 081 551 27 01
Via San Carlo 9 (🕮 F 5) (Porticus der Galleria Umberto I), T 081 40 23 94
Beide Büros: Mo–Sa 9–20, So 9–15, im Winter Mo–Sa 9–19, So 9–14 Uhr
Ente Provinciale per il turismo (EPT): www.eptnapoli.info, Infobüro: Stazione centrale (🕮 K 2), Piazza Garibaldi, T 081 26 87 79

Infos im Internet

www.incampania.com:
Offizielles Tourismusportal der Region Kampanien. Auf Englisch, teils auf Deutsch.
www.facebook.com/spaccanapolionline: Buntes Kulturmagazin über Neapel und Umgebung mit schönen Fotos
www.scabec.it: Neapels und Kampaniens Denkmalämter, Kulturgüter und Ausgrabungsstätten im virtuellen Überblick.
www.pompeiisites.org: Das Denkmalamt vom Pompeji stellt die Ausgrabungen am Golf von Neapel vor.
www.unicocampania.it und www.anm.it: Die Transportportale des regionalen Verkehrsverbundes Unico mit Metro, Standseilbahn, Tram und Bus. Zudem Fahrplanauskunft und Übersicht über die Preiszonen.

Reisen mit Handicap

Übersicht über barrierefreie Unterkünfte und Sehenswürdigkeiten, Beratungs-Chat auf englisch: http://tour.cosyforyou.org/.

Sicherheit und Notfälle

Die kleinkriminelle Energie ist in Neapel vergleichbar mit jener in anderen internationalen Großstädten. Ein wenig unverkrampfte Umsicht schadet also nicht: Auf teure Uhren und wertvollen Goldschmuck sollten Sie unbedingt verzichten. Fotoapparate und Kameras gehören in den geschlossenen Rucksack oder in eine Tasche. Lassen Sie Ihre Wertsachen – etwa die Handys – nie auf Restaurant- und Bartischen im Frei-

en herumliegen! Größere Geldbeträge besser in den Hoteltresor packen und auf den Gang zum Geldautomaten sollte man spätabends und an entvölkerten Sonntagen verzichten. Im Notfall helfen die Diplomatischen Vertretungen:
Deutsches Generalkonsulat, T 081 248 85 11, www.italien.diplo.de
Österreichisches Konsulat, T/Fax 081 553 43 72, consolatoaustria.napoli@gmail.com
Schweizerisches Konsulat, T 33 58 31 52 57 (mobil), Fax 081 578 55 94, www.eda.admin.ch

Carabinieri: T 112
Polizei: T 113 (auch Unfallrettung)
Feuerwehr (Vigili del fuoco): T 115
Ambulanz/Rettungswagen: T 118
See- und Küstennotruf: T 15 30
Waldbrände: T 15 15
Zentraler Notruf zur Sperrung von EC- und Kreditkarten: T +49 116 116

UMWELTFREUNDLICH UNTERWEGS

Fahrkarten und Tarife

Fahrkarten des Unico-Verkehrsverbundes sind am Kiosk, an zentralen Haltestellen und im Tabakladen erhältlich. Das Preisschema teilt sich in zwei verschiedene Ticketgruppen auf:
1. Unico Urbano aziendale, 1,10 €: Das Ticket gilt für eine Fahrt (mehrere Stationen) mit einem Verkehrsmittel – Metro oder Bus oder Funicolare oder Tram – im Stadtbereich ohne Umsteigen. Das Tagesticket (bis 24 Uhr) erlaubt für 3,50 € die uneingeschränkte Nutzung eines Verkehrsmittels, z. B. Bus oder Metro.
2. TIC Napoli, 1,60 €: Das Ticket gilt 90 Min. für alle städtischen Verkehrsmittel mit Umsteigen und Wechsel der Verkehrsmittel (Bus, Metro, Funicolare, Tram, Cumana) mit einer Einschränkung: Nicht zulässig sind zwei Fahrten mit demselben Schienenmittel, also zwei Funicolare-Fahrten sowie zwei Fahrten mit derselben Metrolinie. Das Ticket muss beim Umsteigen in die Metro oder die Funicolare nochmals entwertet werden. Das Tagesticket für 4,50 € gewährt die uneingeschränkte Nutzung aller Verkehrsmittel bis 24 Uhr.
Infos: www.unicocampania.it

T
TIPP

Überschätzen Sie die **Temperaturen** im Frühjahr nicht. Während der Winterbeginn im Dezember oft sehr mild ausfällt, kann es zum Frühlingsanfang im März und April noch sehr kühl bis kalt sein. Angenehm warm ist es bei Sonnenschein oft nur auf den Plätzen oder am Meer. Nehmen Sie lieber einen Pullover mehr mit!

Metro: Die Linie 1 fährt im 7–12-Min.-Takt von der Piazza Garibaldi (Hbf) bis nach Piscinola (Strecke vom Flughafen ins Zentrum im Ausbau, im Zentrum ist nur der Bahnhof Duomo noch nicht aktiv). Die Linie 2 verkehrt im 8-Minuten-Takt, Endhaltestelle ist Pozzuoli. Die Metro L 6 verbindet Mergellina mit der Mostra D'Oltremare (die geplanten Stationen zwischen Mergellina und Piazza Plebiscito sind in Bau), Mo–Fr im 15- Min.-Takt.
Infos: Service-Telefon 800 63 95 25, www.anm.it

Bus: Das Stadtbus-Netz ist dicht, wenn auch zunächst etwas unübersichtlich. Ein Tipp zur ersten Orientierung: Die Linien R 2, R 7 sowie die 140 und 168 decken die wichtigsten (Touristen-)Ziele ab. Originell sind die Rundfahrten mit der E 1 ab Piazza Gesù um die Altstadt und mit der E 6 ab Piazza Trieste e Trento rund um den Montedidio (bis Piazza Vittoria und zurück)
Auskunft: T 800 63 95 25, www.anm.it.

Funicolare: Drei (Montesanto, Centrale, Chiaia) der vier Drahtseilbahnen verbinden die Innenstadt mit dem Vomero-Viertel und sind eine schnelle Möglichkeit, dorthin zu gelangen. Die vierte *funicolare* führt von Mergellina auf den Posillipo.

Circumvesuviana: Sie verbindet Neapel mit den Gemeinden um den Vesuv. Bahnen der Linie Napoli–Sorrento fahren alle 30 Min. ab Napoli Centrale Piazza Garibaldi (Tiefbahnhof, 🕮 K 2) oder ab dem Endbahnhof Corso Garibaldi (🕮 J 3).
Infos: T 800 21 13 88, www.eavsrl.it (mit Fahrplanauskunft)

Campania Express: Zusätzlich zur Circumvesuviana fährt von Mitte März bis Mitte Okt. der klimatisierte Campania Express: 4 x tgl. die Strecke Neapel–Sorrento (Hin u. Rück) mit Stopp in Ercolano (Vesuv) und Pompeji, Ticket einfach Unico ab 7 €
Info: Fahrplan unter www.eavsrl.it, ›Campania Express‹

Von Pompeji zum Vesuv: Eavbus Pompei–Vesuvio: Verbindung von den Ausgrabungen von Pompeji (Piazza Anfiteatro) bis zum Krater des Vesuvs (Dauer ca. 55 Min. pro Strecke) und zurück nach Pompeji. Abfahrt Apr.–Sept. tgl. ab 8 (Vesuv ab 9) Uhr, ca. alle 30–50 Min. bis zum Nachmittag.

Infos: www.eavsrl.it
Cumana und der Circumflegrea: Beide Nahverkehrsbahnen verbinden Neapel ab Bahnhof Piazza Montesanto (🕮 E 3) mit der westlichen Vorstadt und den Ortschaften der Campi Flegrei.
Infos: Auskunft (ist gleichzeitig die Info-Stelle für die Funicolare) T 800 21 13 88, www.eavsrl.it.

Taxi: Taxen stehen an allen größeren Plätzen. Infos und Tarife: www.taxinapoli.it und www.radiotaxilapartenope.it, Taxi-Ruf: Consorzio Radio Taxi T 081 88 88; La Partenope: T 081 01 01. Eine Übersicht über eine Reihe von Zuschlägen ist in jedem Wagen vorhanden, ebenso die Liste mit den Fixpreisen *(tariffa prederminata)* für die von Touristen häufig genutzten Strecken (z. B. Flughafen–Lungomare 23 €, Bahnhof–Molo Beverello 10,50 €).

Fahrrad: Die Fußgängerzonen sind in der Regel für Räder freigegeben. Der erste neapolitanische Fahrradweg führt am Meeresufer entlang von Mergellina bis zur Piazza Plebiscito.

Selbst bei bescheidener Wagengröße erfordert es einiges Geschick, über die Spaccanapoli zu navigieren.

Wasserwege: Am Molo Immacolatella (Porta di Massa) legen die Fähren nach Capri, Ischia, Procida ab, an der Stazione Marittima–Molo Beverello Tragflächenboote nach Ischia, Capri, Procida, Sorrent, Amalfi. Ab Mergellina ebenfalls Tragflächenboote zu den Inseln, nach Sorrent und an die Amalfiküste. Zusätzliche Verbindungen im Juli und August siehe www.alilauro.it/news/le-vie-del-mare-71, Infos: www.naplesbayferry.com, porto.napoli.it.

Gepäckaufbewahrung: TTPoint: Info-Point mit Gepäckabgabe im Hafen, Piazzale Immacolatella Vecchia (Karte 2, H4), ttransport.it/servizi/servizi_turista.html; Bagbnb: Über die Stadt verteiltes Netzwerk mit Adressen zur Gepäckabgabe (teils Hotels, teils privat), Infos und Buchung: https://bagbnb.com/it/deposito-bagagli/napoli

STADTFÜHRUNGEN

City Sightseeing
Auf zwei Routen bietet Napoli mit roten Doppelstockbussen Rundfahrten an: Orte der Kunst (Linea A), Panoramen im Golf (Linea B) – Ticket je 22/11 € – die innerstädtischen Linien, Ein-, Aus- und Wiedereinstieg ist jederzeit möglich. Mehrsprachiger Kommentar über Kopfhörer, Tickets an Endhaltestelle: Piazza am Maschio Angioino (M: Municipio), T 335 780 38 12, www.napoli.city-sightseeing.it, www.museocapodimonte.beniculturali.it/shuttle-museo-capodimonte. Nach Pompeji: 3 x tgl. ab Molo Beverello, nur Transport oder wahlweise mit Ticket u. Führung u. Mittagessen, Infos www.city-sightseeing.it/it/napoli/.
Shuttle Museo Capodimonte: Ein Bus von City Sightseeing übernimmt den bequemen Transport zum Nationalmuseum von Capodimonte. Abfahrt stdl. (immer um Viertel nach…) an der Piazza Trieste e Trento, Halt u. a. Piazza Municipio, Piazza Dante, Archäologisches Nationalmuseum. Ticket plus Eintrittspreis von Capodimonte 16/6 €. Busticket ohne Museum 8, einfache Fahrt 5 €, Infos T 335 780 38 12, Fahrplan: www.napoli.city-sightseeing.it/depliant_capodimonte.pdf.
Naples Greeters: Neapolitaner ›Doc‹ (*dint'o core* = von Herzen) führen nach New Yorker Vorbild durch ihre Stadt. Noch dazu gibt es Tipps für einen gelungenen Aufenthalt. Infos und Reservierung: www.naplesgreeters.it oder www.facebook.com/naplesgreeters.
Napoli Paint Stories: Originelle Führungen zu Graffitis, Streetart und Murales – ein völlig neues Stadtbild entsteht, Infos u. Termine auf Facebook: Napoli Paint Stories, Anmeldung unter T 333 629 06 73.

E
E-BIKE

Das nennt man zwei Fliegen mit einer Klappe schlagen: Umweltschonend und ohne die Urlaubskasse stark zu belasten, können Sie Neapel ganz individuell und unabhängig mit dem **E-Bike** erkunden. Dank der Elektro-Unterstützung bleibt der Ausflug nicht auf Altstadt oder Lungomare beschränkt. Mit dem E-Bike kommen Sie kräfteschonend bis hinauf nach San Martino oder in den Park von Capodimonte und sogar in entferntere Stadtteile wie den panoramareichen Posillipo.
Vereih: NapoliSolare, 🕮 Karte 2, F 3, Via dei Capitelli 31, T 081 012 74 30, www.neapolisolare.it, M: Dante, Mo–Sa 10–14, 15–20, So 10–14 Uhr, E-Bike 5 €/Std., geführte Touren für 3–4 Std. 20–30 €. Gewöhnliche Räder mit Muskelkraftantrieb und eine ansprechende Auswahl an geführten Radtouren (auf Wunsch auch individuelles Programm) gibt's bei **Biketour Napoli** (🕮 Karte 2 G5), **Parcheggio Buono** am Molo Beverello (M: Municipio) und **Galleria Principe di Napoli** (🕮 Karte 2 F2, M: Museo), www.biketournapoli.com, tgl. 8–20 Uhr, Radmiete ab 5 €/Stunde, WE 25 €.

O-Ton Neapel

Buongiorno

Guten Morgen/Tag

uè bello!

Hallo, Schöner!
Tag, schöner Mann!

E VABBUON C'AMMA FÀ

Na ja, so ist es eben.
Man arrangiert sich.

uè

Hey/Na!
(Kurzform für ›hallo‹)

uaglione, auch uagliò
uagliona

Junge, junger Mann (ital. ragazzo)
Mädchen, junge Frau (ital. ragazza)

signò

respektvolle Anrede für (verheiratete) Frauen (ital. signora)

PER PIACERE

bitte (um einen Gefallen bitten)

Ci vediamo!

Wir sehen uns (...oder auch nicht)
eine sehr unverbindliche Verabschiedung

prego

bitte schön
(Antwort auf danke)

grazie

danke

STATT'BBUON!

Mach's gut!

Das Klima im Blick

Reisen bereichert und verbindet Menschen und Kulturen. Wer reist, erzeugt auch CO_2. Der Flugverkehr trägt mit bis zu 10 % zur globalen Erwärmung bei. Wer das Klima schützen will, sollte sich – wenn möglich – für eine schonendere Reiseform entscheiden oder die Projekte von atmosfair unterstützen. Flugpassagiere spenden einen kilometerabhängigen Beitrag für die von ihnen verursachten Emissionen und finanzieren damit Projekte in Entwicklungsländern, die dort den Ausstoß von Klimagasen verringern helfen (www.atmosfair.de). Auch die Mitarbeiter des DuMont Reiseverlags fliegen mit atmosfair!

Abbildungsnachweis

Fotolia, New York (USA): S. 120/7 (ChenPG); 60 (Della Pietra); 84, 90 (Ipictures); 76 (nata_rass)
Getty Images, München: S. 120/3 (Cuomo/you are what you feel); 68 (DEA Picture Library); 69 (Fox Fotos/Osborne); 100 (Hermann); 104 (Laporta); 57 (Lescourret); 86 (LPI/Carillet); 64 (Morandi); 120/6 (Ruscio); 70, 72 (Unger); 120/4 (Venturelli)
Glow Images, München: S. 61 (Sadura)
Frank Helbert/Gabriella Vitiello, Wiesbaden: S. 12/13, 16/17, 62, 67
Huber-Images, Garmisch-Partenkirchen: S. 103 (Carassale)
iStock.com, Calgary (Kanada): S. 8/9, 112 (Angelafoto); 20 (ArtMarie); 53 (mitza); 26 (nimu1956); 14/15 (titoslack)
laif, Köln: S. 7 (Archivolatino/Moscia); 23 (Artz); 120/1 (Botti); 97 (Bretzel/Madame Figaro); 93 (Cecere); 120/8 (contrasto); 50 (contrasto/Mancuso); 102 (contrasto/Paoni); 46 (contrasto/Piscitelli); 88 (hemis.fr/Giuglio); 78/79 (hemis.fr/Guiziou); Umschlagklappe hinten, 34, 80, 89 (hemis.fr/Maisant); Titelbild, Faltplan, 58 (Hub); 24, 42 (robertharding/Morucchio); 21, 45, 71, 75 (Schmid); 94, 98 (Steinhilber)
Look, München: S. 109 (age fotostock); 36 (Johaentges)
Mauritius Images, Mittenwald: S. 27 (Alamy/De Bernardo); 39 (Alamy/Della Pietra); 54 (Alamy/Eastland); 30 (Alamy/EPX); 51 (Alamy/Europe/Forsberg); 49 (Alamy/Forsberg); 33 (Alamy/Forsberg/Shopping); 4 u. (Alamy/Galeotti); 31 (Alamy/Masci); 28, 41, 65, 106 (Alamy/Pacific Press); 4 o. (Alamy/Ridley); 56 (Alamy/Vdovin); 48 (Alamy/ VPC Travel Photo); 43 (CuboImages/Stanzione); 120/2 (United Archives)
picture-alliance, Frankfurt a.M.: S. 35 (Koene)
Schapowalow, Hamburg: S. 85 (SIME/Borchi)
Wikimedia Commons: S. 120/5 (Augusto De Luca photo, CC-BY-SA 3.0); 120/9 (CC-BY-SA 3.0)
Zeichnungen S. 5: Antonia Selzer, Lörrach
Zeichnungen S. 2, 11, 63. 70, 77, Umschlagklappe vorn: Gerald Konopik, Fürstenfeldbruck

Kartografie

DuMont Reisekartografie, Fürstenfeldbruck

Umschlagfotos

Titelbild: Auf der Piazza Jacopo Sannazzaro im Mergellina-Viertel
Umschlagklappe hinten: Blick vom Belvedere im Park Villa Floridiana

Hinweis: Autoren und Verlag haben alle Informationen mit größtmöglicher Sorgfalt geprüft. Gleichwohl sind Fehler nicht vollständig auszuschließen. Alle Angaben erfolgen ohne Gewähr. Bitte schreiben Sie uns! Über Ihre Rückmeldung zum Buch und Verbesserungsvorschläge freuen sich Autoren und Verlag:
DuMont Reiseverlag, Postfach 3151, 73751 Ostfildern,
info@dumontreise.de, www.dumontreise.de

FSC
www.fsc.org
MIX
Papier aus verantwortungsvollen Quellen
FSC® C124385

2., aktualisierte Auflage 2019

Autoren: Gabriella Vitiello, Frank Helbert
Redaktion/Lektorat: Doreen Reeck, Nadja Gebhardt
Bildredaktion: Stefan Scholtz
Grafisches Konzept: Eggers+Diaper, Potsdam
Printed in China

Kennen Sie die?

9 von 989 111 Neapolitanern

Sophia Loren

Filmdiva und Ikone mediterraner Schönheit. In den 1950er- und 1960er-Jahren drehte sie mit den wichtigsten internationalen Regisseuren. Dass sie im Nachbarort Pozzuoli groß geworden ist, muss ja nicht jeder wissen.

Diego Armando Maradona

Neapels Fußballgott. Als der Argentinier 1987 mit dem SSC Neapel die Meisterschaft gewann, feierte die Stadt tagelang. Zum ersten Mal hatte eine Mannschaft aus dem Süden den Meistertitel geholt!

The Jackal

Die irrwitzigen Parodien auf den Alltag in Neapel sind auf Youtube Kult. Dem reißerischen Maul des so innovativen wie sozialkritischen Videokünstler-Kollektivs entkommt selbst die Camorra nicht.

Pino Daniele

Neapels erster Popstar mit internationaler Solokarriere. Seine Songs – eine Mischung aus Blues, Jazz und Rock – blickten tief in die Seele der Stadt und ihrer Bewohner: ›Blues per sempre‹!

Concetta Barra

Ihre Stimme und ihr Gesang sind der Beweis, dass die Canzone Neapolitana – verwurzelt in der Volkskultur – hohe Kunst ist. Mit Sohn Peppe feierte die Sängerin und Schauspielerin internationale Musik- und Theater-Erfolge.

Cristina Donadio

Sie ist der aktuelle Film-Exportschlager: Blondgefärbt, machtbesessen und skrupellos – so verkörpert Donadio in den neuen Folgen der ›Gomorrha‹-Serie (nach dem Buch von Roberto Saviano) die Camorra-Chefin Scianel.

Elena Ferrante

Anita Raja ist vermutlich Elena Ferrante: 25 Jahre lang hielt die Autorin von ›Meine geniale Freundin‹ ihre Identität geheim, bis die Presse 2016 das Pseudonym lüftete.

Totò

Der begnadete Komiker Antonio de Curtis brachte in mehr als 100 Filmen mit seiner Schlagfertigkeit und seiner Mimik Neapel und ganz Italien zum Lachen.

Ferdinando IV.

›Lumpenkönig‹ nannte das Volk liebevoll seinen Herrscher aus dem Haus der Bourbonen. Ferdinando wurde 1751 in Neapel geboren, war volksnah und regierte 66 Jahre lang.